POSITIVE
IDENTITIES
긍정정체성

긍정자아를 발견하는 내러티브 훈련

지은이

마가리타 타라고나

옮긴이

송단비

감수

박정효

Table of Contents

Week 1
당신의 스토리와 자신

Week 1
당신의 스토리와 자신

"내가 보여 줄 수 있는 여러 가지 버전의 모습 중에 최악의 모습이 되었다고 느낀 적이 있나요?" 제가 좋아하는 영화 '유브 갓 메일'(1988년, 노라 에프론 감독 작품)에서 남자 주인공 조 폭스가 여자 주인공 캐슬린 캘리에게 하는 질문입니다. 사업상 경쟁자로 서로를 매우 싫어하는 두 사람은 서로의 정체를 모른 채 이메일을 주고 받게 됩니다. 이들은 오고 가는 메일을 통해 서로를 다른 방식으로 알아가게 되지요. 영화를 본 분들은 알겠지만 결국 두 사람은 사랑에 빠지게 됩니다.

'내가 보여 줄 수 있는 여러 가지 버전의 모습 중에 최악의 모습이 되었다'는 문장이 저한테는 크게 와 닿았고 오랫동안 마음에 남아있었습니다. 왜냐하면 치료사이자 코치로서 '어떤 모습이 되었다'는 말과 '여러가지 버전의 모습'이라는 개념이 주는 유동성, 그리고 우리 자신이 다른 모습이 될 수도 있다는 가능성이 좋았기 때문입니다. 베토벤의 교향곡 9번 '합창'은 어떤 오케스트라가 연주하고, 지휘자가 누구냐에 따라 다른 음악이 될 수 있습니다. 물론 베토벤의 교향곡 9번은 언제나 교향곡 9번입니다. 이 곡 특유의 멜로디와 고유의 연주법이 존재합니다. 다르게 연주한다고 해도 절대 모차르트의 '밤의 세레나데'나 비틀즈의 '그대의 손을 잡고 싶어요'와 같이 들리지는 않는 것이죠. 하지만, 베토벤 교향곡 9번이 한 가지 방식으로만 연주된다고 할 수는 없습니다. 미묘한 뉘앙스와 템포, 분위기 및 표현이 다양하게 해석될 수 있는 여지가 충분히 있으며 이를 통해 같은 음악이라도 다르게 연주가 될 수 있습니다.

사람도 마찬가지입니다. '나라는 사람이 될 수 있는 여러 가지 버전의 모습'이라는 개념이 심리학의 정체성에 대한 현 시대의 사고와 잘 맞아 떨어집니다. 즉, 나라는 사람은 한 가지 모습만 있는 게 아니라, 여러가지 모습이 될 수 있습니다. 우리는 우리의 존재, 즉 우리의 모습을 다양한 방식으로 표현하고 만들어내고, 실행할 수 있습니다. 이와 같은 가능성은 지금도 여러분이 진행하고 있는 성장과 변화의 과정에 매우 유용합니다.

본 워크북에서는 여러분 안의 여러 모습을 탐색하고 어떤 모습이 여러분의 꿈, 가치, 노력, 그리고 여러분이 원하는 인간관계 및 원하는 모습에 가장 가까운지를 선택할 수 있도록 이끌고자 합니다. 이 책에서는 긍정심리학과 내러티브 훈련이라는 두 가지 학문 분야에 바탕을 두고 있습니다. 이제 긍정심리학과 내러티브 훈련에 대해 간단히 설명을 드리겠습니다.

긍정심리학

긍정심리학은 웰빙에 대한 과학적 연구입니다. 사람들과 공동체가 최적화된 삶을 살 수 있도록 도와주고, 사람들이 더욱 행복하고 의미 있는 삶을 살 수 있도록 이끄는 요소를 탐구하는 학문입니다. 긍정심리학자들은 긍정정서, 낙관주의, 감사, 창의성, 유머, 목표 설정, 성취, 최적화, 몰입 경험, 가치, 그리고 성격 강점, 초월, 회복탄력성 등 흥미로운 주제들을 연구합니다. 이 분야에서 매우 저명한 학자인 크리스토퍼 피터슨이 왜 긍정심리학을 '살 만한 가치가 있는 삶'에 대한 연구(Peterson, 2006)라고 정의하는지 쉽게 이해할 수 있습니다.

내러티브와 공동작업 훈련

제가 코치, 치료사 및 컨설턴트로 사람들과 일하는 데 중요한 도움을 준 요소가 바로 '내러티브'와 '공동작업'이라는 접근 방식입니다. 이 방식들은 대화와 스토리를 풀어가는 특별한 방식에 초점을 맞추고 있습니다. 또한 나와 클라이언트와의 관계, 그리고 이 책에서 중심이 되는 철학적 근간이라고 할 수 있습니다. 왜냐하면 우리가 직접 만나서 이야기하지 않더라도 우리는 앞으로 이 워크북을 통해 소통할 수 있기 때문입니다.

'내러티브 훈련'은 기본적으로 우리의 스토리가 우리의 삶에 매우 중요한 역할을 한다는 사실을 전제로 하고 있습니다. 즉, 우리의 경험을 우리가 어떻게 이야기하느냐가 우리의 느낌과 사고에 큰 영향을 줄 수 있으며 스스로에 대한 생각과 다른 사람과의 관계에도 영향을 미칠 수 있다는 점이 이 훈련의 중요한 전제 중에 하나입니다.

　'공동작업'은 우리가 언어를 통해 세상에 의미를 부여하고 있으며 대화로 의미와 가능성을 불러일으킬 수 있다는 점을 기본으로 하고 있습니다.

　이 두 가지 접근법을 통해 스스로 경험에 대해 어떻게 생각하고 이야기하느냐에 따라 문제가 더 커질 수도 있고 또는 새로운 가능성을 생각할 수 있는 길이 열릴 수도 있음을 알 수 있습니다. 우리가 특정한 대화를 나눌 때 우리는 해결책을 마련하고 새로운 스토리와 정체성을 세워갈 수 있습니다(Tarragona, 2008).

　이 워크북에서는 두 분야의 전문 지식이 함께 다뤄지게 될 것입니다. 우선 긍정심리학의 뛰어난 학자들이 인간의 웰빙, 행복, 그리고 번영에 대해서 지금까지 연구한 결과를 함께 살펴보도록 하겠습니다. 과학적 연구 결과들은 일반적으로 통계적 평균치와 확률로 표현이 되고 있습니다. 많은 연구들이 다수의 사람을 대상으로 진행되었기 때문에 대부분의 사람들에게 적용 가능한 내용이라고 볼 수 있습니다.

　통계적 추세를 보면 대중들의 경향에 대한 전반적인 사항은 알 수 있지만 각 개인의 특이한 사항까지 예측하기는 어렵습니다. 예를 들면, 결혼한 사람들이 일반적으로 더 행복하다는 연구 결과가 있을 때, 이 결과가 미혼인 사람은 불행하다는 것을 의미하지는 않습니다. 그래서 모든 연구 자료에 대해서 열린 마음으로 호기심을 갖고 접하기를 바라는 동시에 여러분의 삶에 해당되는 정보가 있는지, 있다면 어떻게 적용될 수 있을지를 생각해보면 좋겠습니다.

　긍정심리학과 더불어 이 책에서 다루고 있는 또 다른 전문 분야는 바로 여러분 자신입니다. 여러분이 곧 여러분 삶의 전문가이기 때문입니다. 다양한 연습 문제와 질문을 통해 삶을 되돌아보고 여러분의 웰빙에 도움이 되는 방법을 찾으시길 바랍니다.

　내러티브 및 공동작업의 특징은 사람들의 삶에서 좋은 효과가 있는 요소는 무엇인지 탐색하는 과정이라는 것과 그 요소들을 강조한다는 점입니다. 클라이언트가 중요하고 소중하다고 생각하는 점들에 우선순위를 두게 되지요.

내러티브 훈련을 활용하는 전문가들은 클라이언트의 목표, 가치, 꿈, 희망 그리고 노력을 잘 살펴보고 어려움을 겪었던 시간들도 관찰합니다(White, 2004). 공동작업 상담을 진행할 때는 언어가 유동적이며 바꿀 수 있는 가능성이 있다고 생각함으로써 우리가 하는 일에 더 희망적인 태도를 가질 수 있다고 믿습니다. 또한 인간은 회복할 수 있는 힘이 있고 사람들은 이에 투자할 수 있는 에너지와 잠재력이 있음을 인정하며, 사람들의 가치가 더 건강하고 성공적인 삶과 관계를 향해 모아지고 나아감을 감사하게 됩니다(Harlene Anderson, 2006). 앤더슨은 공동작업 치료와 긍정심리학이 희망을 향해 간다는 점에서 비슷하다고 말하고 있습니다. 이는 약점을 중심으로 한 전통적 심리학보다 훨씬 유망한 길이라고 하고 말합니다.

이 두 분야의 또 다른 유사점은 인간의 주체성과 관련되어 있습니다. 우리가 우리의 의지에 따라 선택하고 행동하는 것이 핵심이며, 자기 인생의 운전자가 되어야 한다는 비유로 표현하기도 합니다.

과거에 떠밀려 온 삶인가, 미래로 향하는 삶인가

일부 영향력 있는 심리학 관점에서는 사람들이 주로 무의식적 충동에 따라 행동하고 통제하기 어려운 힘에 따라 행동하게 된다고 말합니다. 이런 심리학적 관점에서는 어린 시절의 경험이 어른이 되었을 때 행동에 큰 영향을 미친다고 하지요. 마틴 셀리그만 박사는 이러한 관점을 뒷받침할 만한 확실한 검증자료도 없으며 인간은 과거에 갇혀 사는 존재가 아닌 스스로 선택할 수 있는 존재라고 말합니다. 긍정심리학은 인간을 자신의 행동에 대한 동기를 가지고 있는 존재로 보고 인간의 의지와 목표에 중점을 두는 심리적, 철학적 전통에서 영감을 얻은 학문입니다. 셀리그만 박사는 긍정심리학을 사람들의 자유로운 선택, 즉 자신이 원해서 하는 선택을 연구하는 학문이라고 정의합니다.

제1회 세계 긍정심리학 대회의 폐회사에 셀리그만 박사는 "20세기 심리학의 문제는 인간을 미래로 향해 가는 존재가 아닌 과거에서 떠밀려 온 존재로 봐왔다는 데 있습니다"라고 언급했습니다.

긍정심리학 연구를 통해 우리의 웰빙에 기여하는 요소와 우리가 더 잘 살 수 있는 길에 대한 방대한 과학적 정보들을 접할 수 있게 되었습니다. 내러티브와 공동작업 훈련은 자신 및 타인과 대화를 할 수 있는 유용한 방법들을 제시하여 우리의 가치와 기술, 노력 및 꿈들을 탐색하고 이를 통해 자신이 원하는 모습과 더 가까워질 수 있도록 해주고 있습니다. 이 두 가지 분야의 도움으로 여러분은 미래로 향해 가는 사람이 되고 '자신이 될 수 있는 최고의 모습'을 만날 수 있으리라 믿습니다.

워크북 사용법에 대한 제안

이런 말을 들어보신 적이 있는지 모르겠습니다. '말로 전달하면 잊어버리고, 가르치면 기억하고, 참여시키면 배운다'. 저는 여러분이 워크북에 가능한 많이 참여할 수 있도록 하려고 합니다. 이 워크북을 가지고 자신 또는 다른 사람들과의 대화에 적극적으로 참여하시기를 바랍니다. 이 과정 속에서 여러분이 여러분 자신에 대한 중요한 스토리와 새로운 가능성을 재발견하고 단단하게 다질 수 있기를 바랍니다. 이 워크북에서는 매주 글을 쓰고 대화를 할 수 있도록 구성되어 있습니다. 연습 문제들을 완성해나가면서 여러분만의 워크북을 쓰는 공동작가가 되실 겁니다.

글쓰기를 통해 우리가 얻을 수 있는 중요한 혜택들이 있습니다. 오스틴에 있는 텍사스 대학의 심리학자인 제임스 페니베이커 박사는 지난 30년간 많은 연구를 진행해 왔습니다. 다수의 연구에서 글쓰기가 사람들의 트라우마 극복에 도움이 되며, 생각을 명확히 하고 새로운 정보를 보다 쉽게 습득하고 기억할 수 있게 해주며, 문제 해결과 심지어는 건강과 면역기능에도 도움이 된다는 결과가 나왔습니다(Pennebaker J., 2004, 1997).

미주리 대학의 로라 킹 박사와 연구팀도 글쓰기의 혜택에 대한 연구를 진행하였고 그 결과 자신의 최상의 모습에 대해 글을 써보는 것으로 사람들은 자신의 삶에 대해 좀 더 희망적이라 느끼고 적극적인 태도를 취하게 된다고 합니다. 그리고 목표를 적어 놓는 사람들이 그 목표를 성취할 가능성이 더 높다는 결과도 나왔습니다(Burton & King, 2009).

이러한 연구 결과들을 듣고 여러분이 워크북에 글을 쓰고 싶은 마음이 들면 좋겠습니다. 글쓰기 방식이나 문체에 대해서는 걱정하지 않으셔도 됩니다. 이 워크북은 여러분 자신의 것이고 여러분이 원하지 않는 한 다른 이들이 볼 일도 없습니다. 자유롭게 여러분의 진정한 생각과 느낌을 표현하는 것이 중요합니다.

각 장에는 '대화 연습'이 있는데 워크북의 주제 중 하나에 대해서 다른 이들과 대화를 하면 됩니다. 이 연습의 목적은 여러분이 의미 있는 대화에 참여할 수 있도록 하기 위함이며, 책의 내용과 다른 사람에 대해 궁금한 마음에 이끌려 참여할 수 있게 하기 위함입니다. 여러분이 대화 상대의 관점을 최대한 이해하려고 하는 기자 혹은 연구자라고 상상해보십시오. 또는 합동으로 자아 발견 작업에 참여하는 파트너라고 생각해보세요. 생산적인 대화를 위해서는 3가지 규칙이 있습니다. 바로 '판단하지 말 것, 비판하지 말 것, 조언하지 말 것'입니다. 그냥 상대의 말에 열심히 귀를 기울이고 관심을 가지면 됩니다.

제목처럼 워크북은 그야말로 '일'을 해야 하는 책입니다. 성취할 가치가 있는 모든 목표가 다 그렇듯이 긍정정체성을 강화하려면 노력과 인내가 필요합니다. 다행히도 긍정심리학과 내러티브 훈련은 여러분이 이 과정을 재미있고 의미 있게 헤쳐가는 데 도움이 될 것입니다.

자, 그럼 간단한 연습 문제로 몸을 풀어볼까요?

1.1 연습하기: 선호하는 버전

여러분이 좋아하는 노래 중에 리메이크가 되어 두 명 이상의 가수나 그룹이 불렀던 노래를 떠올려 보세요. 또 여러분이 본 영화 중에 원래 영화와 리메이크가 된 버전이 있는 영화도 생각해보십시오. 이제 다음 질문에 답해보십시오.

1. 노래 제목

　버전 1의 가수 혹은 연주자와 버전 2의 가수 혹은 연주자

　둘 중 어느 버전이 더 좋은가요?

　그 이유가 무엇인가요? 더 좋아하는 버전에서 가장 마음에 드는 점이 무엇인가요?

2. 영화 제목(리메이크 버전)

배우와 감독

원래 영화 제목

배우와 감독

두 영화의 차이점은 무엇인가요?

어느 버전이 더 좋은가요?

그 이유가 무엇인가요? 더 좋아하는 버전에서 가장 마음에 드는 점이 무엇인가요?

"이 연습 문제가 저랑 무슨 상관이 있나요?"라고 반문하실 지도 모르겠습니다. 당연히 여러분은 노래나 영화보다는 훨씬 복잡한 존재이지요. 하지만 어느 버전이 더 좋은지를 찬찬히 생각하면서 여러분이 선호하는 버전과 그 이유를 알아가는 것처럼 이 워크북의 연습 문제들은 여러분이 여러분 자신이 가지고 있는 여러 버전의 모습을 살펴보고 여러분이 선호하고 소중하게 생각하는 것에 가까운 모습이 무엇인지를 깨닫게 해줍니다.

과거에 심리학자들은 한 사람의 정체성이 기본적으로 어린 시절에 형성되어 사춘기와 성인 초기에 약간의 조정이 될 뿐이며 정체성은 일단 형성되고 나면 변화되기 어려운 특징이라고 생각했었습니다. 그러나, 현재 심리학에서 정체성에 대한 시각은 보다 복잡해졌고 희망적인 방향으로 바뀌어가고 있습니다. 물론, 유전적으로 정해져서 혹은 어린 시절에 이미 굳어져서 우리가 바꿀 수 없는 특징들이 있다는 설득력 있는 증거들도 있습니다. 하지만 우리에게는 바꿀 수 있고 발전시킬 수 있는 여러 가지 면들도 있습니다.

마틴 셀리그만 박사는 우리가 바꿀 수 있는 것과 바꿀 수 없는 것에 대해 아래와 같이 설명합니다. 우리의 신체 조건 혹은 성적 성향은 바꾸기 어렵지만 비관주의나 두려움과 같은 사고의 습관들은 바꿀 수 있으며 문제 행동의 범위도 조정할 수 있다고 말합니다.

소냐 류보머스키 교수는 사람들의 행복의 50% 정도는 유전자에 의해 결정되고 10%는 주변 환경, 나머지 40%는 우리의 선택과 행동에 달려 있다는 사실을 알아냈습니다(Lyubomirsky, 2007). 인간 개발에 관한 가장 광범위하고 장기간에 걸친 연구를 지휘했던 조지 베일런트는 성숙하고 나이가 들수록 우리는 어릴 때 경험으로부터 덜 영향을 받게 되고 우리의 선택과 태도, 행동의 영향을 훨씬 크게 받게 된다는 사실을 밝혀냈습니다(Vaillant, 2002).

바로 여기서 '다른 버전'이라는 개념을 이해할 수 있습니다. 우리가 바꿀 수 없는 점은 음악의 음표와 비슷할 수 있습니다. 베토벤의 교향곡 또는 롤링스톤의 노래 자체를 바꿀 수는 없지만 이 음악을 해석하고 표현하는 방식은 우리가 원하는 대로 선택할 수 있습니다. 즉, 우리는 우리 자신을 어떻게 연주할 것인지에 대한 결정을 내릴 수 있다는 뜻입니다.

스토리로서의 삶

우리가 스스로 선택해서 우리 자신에 대해 생각할 수 있다는 점은 개인의 사고와 행동에도 영향을 미칠 수 있다는 것을 의미합니다. 내러티브 치료의 창시자인 마이클 화이트와 데이비드 엡스톤에 따르면, 물리과학적으로 볼 때 사람은 복잡한 기계로 볼 수 있고 사람들이 가진 문제는 기계 결함이라고 할 수 있습니다. 그러면 이에 대한 해결책은 기계정비공처럼 문제가 있는 기계를 수리하는 것일 겁니다. 예를 들어 마음 속 분노가 압력밥솥의 연기처럼 푹푹 쌓여 가는 상황이라고 한다면 언젠가 이 김을 빼내지 않을 경우 결국 압력밥솥은 폭발할 것입니다. 이런 관점을 가진 사람들은 화를 해소할 방법을 찾고 점점 증가하는 압력을 줄이기 위해 화를 외부로 표현하라고 조언할 것입니다.

　　의학적 비유로 본다면, 우리는 문제를 하나의 증상으로 받아들이게 되고 이에 대한 해결책은 제대로 된 진단과 근본원인을 치료하는 과정이 될 것입니다. 예를 들어, 학교에서 보이는 아이의 문제 행동이 부모의 갈등 때문에 나타난 증상이라고 보는 시각입니다. 이런 시각을 가진 전문가는 부모의 관계 문제가 아이의 문제행동에 대한 진짜 원인이라고 보기 때문에 부모의 결혼생활 문제에 개입하려고 할 것입니다. 그리고 아이가 드러낸 학교에서의 문제에 대해서는 별다른 변화를 시도하지 않을 수 있는데 이는 아이의 행동이 그저 증상일 뿐이라고 보기 때문입니다.

　　우리는 종종 이러한 종류의 관점이 미치는 영향에 대해서는 생각하지 못한 채 살아갑니다. 여러분의 삶 속에서 여러분은 자신에 대해서 또는 여러가지 관계나 문제에 대해서 이해하려고 할 때 어떤 관점으로 바라보는 편인가요? 어디가 고장이 난 건지 어떻게 고쳐야 할 지를 생각하는 편인가요? 아니면 문제라는 건 쉽게 접근할 수 없는 깊이 내재된 원인으로 인해 나타나는 피상적인 현상 혹은 증상이라고 생각하시나요? 이런 관점이 여러분에게 얼마나 도움이 되나요? 혹시 여러분이 상황을 이해하는 도움이 되는 다른 관점이 있나요?

　　화이트와 엡스톤은 사람들의 문제를 스토리로 보는 시각이 유용하다고 말합니다. 문제를 특정 종류의 스토리로 보면 해결책은 다른 대안이 되는 스토리를 쓰면서 찾아볼 수 있습니다

(Tarragona, 2008). 이를 전문용어로는 '내러티브 은유(Narrative Metaphor)' 혹은 '글 비유(Text Analogy)'라고 합니다.

글 비유(Text Analogy)

내러티브 심리학은 사람들이 어떻게 의미를 창출하는가에 대해 연구하는 인지심리학에서 나온 한 가지 관점입니다. 내러티브 심리학에서 인간은 자신의 경험을 스토리로 정리하기 때문에 우리 삶에서 스토리가 중요하다고 강조합니다(Anderson, 1997; Bruner, 1990; Gergen, 1994; Polking-horne, 1988). 여기서 말하는 스토리란 시간의 흐름에 따라 서로 연결된 일련의 사건을 말하며 전개와 결과가 있고 무엇보다 중요한 건 이렇게 서로 얽힌 사건들이 한 사람에게는 어떤 의미가 된다는 점입니다.

이 정의에 동의하시나요? 여러분의 삶을 생각해볼 때, 서로 단절된 경험들이 합쳐져서 이루어졌다고 생각하나요? 아니면 마치 점들이 이어지듯이 일리 있는 연관된 흐름으로 연결되어 있다고 생각하나요?

우리의 삶을 글로 생각해볼 수도 있습니다. 마치 각각의 삶이 하나의 소설이나 희곡이라고 생각해보는 것이지요. 아시다시피 인생은 단순한 스토리 모음집이 아닙니다. 인생은 뭔가 복잡하게 꼬여 있을 때, 상황이 잘 풀릴 때, 더 성공하고자 할 때 등 변화의 가능성을 열어주는 하나의 은유라고 할 수 있습니다.

심리학자 제롬 브루너는 인생에서 스토리가 갖는 중요성을 연구해왔으며 자신의 삶을 설명하기 위한 구성된 스토리가 바로 본인의 삶이 된다고 말합니다. 브루너와 다른 학자들은 인생에 대한 스토리는 우리의 경험을 이야기해줄 뿐만 아니라 실제로 우리가 살아가는 방식에 영향을 준다고 믿습니다. 자신의 인생을 표현하는 스토리는 단순히 경험을 설명하는 것이 아니라, 자신이 어떻게 느끼고, 무엇을 생각하며, 스스로에 대해 어떤 가능성과 장애물을 떠올리는지에 대한 경험을 만들어 냅니다. 질 프리드먼과 진 콤은 같은 사건도 다양한 방식으로 표현될 수 있고 이렇게 다른 방식들로 삶의 경험들이 달라질 수 있다고 말합니다.

우리가 우리의 스토리들을 그냥 뜬금없이 아무것도 없는 상태에서 만들어내지는 않는다는 사실이 중요합니다. 각각의 문화에는 특정 스토리 양식이 있어서 삶을 이야기하는 특정 방식이 다른 방식보다 더 현실적으로 들리도록 해줍니다.

좀 더 마음에 와 닿을 만한 시도를 해보지요. 어떻게 같은 사건이 다르게 이야기 될 수 있는지를 이해하기 위해 다음의 연습 문제를 해보세요.

1.2 연습하기: 여러분의 하루를 찍은 다큐멘터리

1. 여러분을 잘 아는 사람 세 명을 떠올려 보세요. (예: 배우자, 부모님, 친구 등)

2. 그 세 사람의 이름이나 이니셜을 적어 보세요.

사람 1 _____   사람 2 _____   사람3 _____

3. 이 세 사람에게 각각 특별한 과제가 주어진다고 가정해봅시다. 이들은 각자 캠코더를 받아서 하루 종일 여러분을 따라 다니면서 방해하지 않는 선에서 여러분이 하는 모든 행동을 촬영하고 이를 30분짜리 다큐멘터리로 만들게 됩니다.

· 사람 1의 다큐멘터리에서 여러분은 어떤 모습일까요? 전체적인 자료의 분위기가 어떨 것 같나요? 주로 어떤 활동에 초점을 맞춰서 찍게 될까요? 여러분 성격 중에 어떤 부분이 두드러질까요? 여러분에 대해서 어떤 스토리들이 펼쳐질까요?

· 사람 2의 다큐멘터리에서 여러분은 어떤 모습일까요? 전체적인 자료의 분위기가 어떨 것 같나요? 주로 어떤 활동에 초점을 맞춰서 찍게 될까요? 여러분 성격 중에 어떤 부분이 두드러질까요? 여러분에 대해서 어떤 스토리들이 펼쳐질까요?

- 사람 3의 다큐멘터리에서 여러분은 어떤 모습일까요? 전체적인 자료의 분위기가 어떨 것 같나요? 주로 어떤 활동에 초점을 맞춰서 찍게 될까요? 여러분 성격 중에 어떤 부분이 두드러질까요? 여러분에 대해서 어떤 스토리들이 펼쳐질까요?

- 어떤 다큐멘터리가 여러분의 실제 모습과 가장 가까울까요? 셋 중에 더 선호할 것 같은 다큐멘터리가 있나요? 그 이유는 무엇인가요?

이 연습 문제는 어땠나요? 세 사람이 캠코더로 찍은 것이기 때문에 그 내용은 모두 실제로 일어난 일들일 것입니다. 그래서 세 가지 스토리 모두 실제 스토리이지요. 하지만 각 사람마다 혹은 감독마다 여러분에 대해 강조하고 싶은 점이 다를 것입니다. 30분짜리 다큐멘터리를 완성하기 위해서 편집 과정이 반드시 필요하듯이 우리 모두는 우리의 일상 경험을 편집할 수밖에 없습니다. 하루 동안 일어난 모든 일을 세세히 다 처리하기는 불가능하기 때문이죠. 그래서 우리는 어떤 사건들만 강조하게 되고 이는 종종 우리에 대한 특정 생각이나 스토리들과 맞아 떨어지게 됩니다.

스토리와 정체성

K. 거겐은 우리가 살아가면서 계속 우리의 스토리를 고쳐가고 이에 따라 사건과 관계의 의미도 수정된다고 말합니다. 우리의 개인적인 스토리들은 역동적이고 다른 사람과의 관계 그리고 대화를 통해 스토리들이 만들어집니다. 우리는 끊임없이 우리의 스토리를 말하고 또 말합니다. 우리의 스토리를 듣거나 반응하는 사람들과의 상호작용에 따라 각 스토리들도 달라질 수 있습니다. 이 관점에서 보면 우리의 정체성은 절대 불변의 특징이 아니며 변화할 수 있는 유동적 특징입니다. 개인적으로 마음에 드는 할렌 앤더슨의 표현에 따르면 '자아란 현재 집필 중인 자서전' 또는 '우리가 끊임없이 쓰고 편집하는 나와 다른 이들에 의한 다면적 전기'라고 할 수 있습니다.

이 시각처럼 여러분 자신을 '현재 집필 중인 자서전'이라고 보거나 혹은 다른 사람들의 도움을 받아 끊임없이 쓰여지는 다면적 전기라고 본다면 여러분에게 가장 중요한 공동작가는 누가 될까요? 여러분 자신을 바라보는 방식에 중요한 영향을 미친 사람들은 누구인가요? 앞으로 남은 장들을 하나하나 살펴보면서 여러분이 선호하는 정체성에 대해서 탐색할 때 여러분에게 중요한 사람들이 떠오르게 될 것입니다.

선호하는 정체성 탐색하기

'선호하는 정체성'이라는 개념이 갖는 의미는 나 자신을 하나 이상으로 정의할 수 있다는 뜻이며 여러분의 가치와 희망, 노력에 따라 여러분이 더 선호하는 방식의 존재가 있음을 뜻합니다. 또한 어떤 사람이고 싶은지 본인이 스스로 선택할 수 있다는 뜻이기도 하지요. 이번 장에서는 여러분이 선호하는 정체성이 무엇인지 탐색하는 연습을 해보려고 합니다. 주요 스토리와 대안 스토리의 개념을 다뤄보고 여러분의 삶과 자아정체성에 영향을 미치는 주요 스토리와 관련한 활동을 해보겠습니다.

먼저 '로라'라는 여성을 소개시켜 드리지요. 바쁜 전문직 여성이자 정리를 정말 못한다고 스스로 생각하는 엄마이기도 합니다. 로라의 집 서재는 공과금 고지서, 뉴스 기사 복사본, 폴더철, 오래된 잡지 등 종이가 사방팔방에 굴러다닙니다. 모든 바닥이란 바닥은 종이로 덮여 있는 듯합니다. 때론 신용카드 대금을 늦게 내기도 하는데, 고지서를 찾지 못해서 발생하는 일이지요. 특정 작가가 쓴 기사를 찾아야 하지만 어느 종이 더미 밑에 깔려 있는지 알 수가 없습니다. 그래서 결국 수업에 활용하지 못했지요. 정리를 잘해보려는 노력도 해봤습니다. 정리 정돈과 관련된 책을 샀지만 결국은 그 책들마저 정리되지 않고 쌓이기 일쑤였습니다.

로라는 자신이 천성적으로 정리를 못하는 사람이 아닐까 하며 포기하고 싶어졌습니다. 이렇게 정리를 잘 못하는 모습 때문에 로라는 직업적으로도 그리고 아내나 엄마로서도 자기 자신이 형편없게 느껴졌습니다. 아이들이 본인의 생활 방식 그대로를 배우게 될 거라는 생각도 들었습니다. 그런 면에서 아이들에게 자신이 좋은 롤모델이 되지 못한다고 생각했습니다. 여러분이 로라의 방을 본다면 여러분도 같은 결론을 내릴 것입니다. 로라라는 사람을 한마디로 정의하면 정리를 못하는 사람이라고 단정지었을 겁니다.

하지만 로라의 직장동료가 이 설명을 듣는다면 로라에 대한 또 다른 모습이 있다고 반박할 수 있습니다. 로라의 직장 사무실은 정말 깨끗했습니다. 모든 것들이 제자리에 정리가 되어 있었죠. 책도 잘 정리되어 있고 전문잡지들은 따로 특정 캐비닛에 보관되어 있으며 공과금이나 신용카드 고지서를 포함한 모든 서류는 파일에 정리되어 있었지요. 대기실의 잡지들도 가지런히 잘 정리되어 있고 사무실에 들어오는 사람들마다 참 차분하고 평화로운 환경이라고 한마디씩 했습니다.

더욱 놀라운 점은 몇 년 전 로라는 대규모 국제 컨퍼런스를 주관하였습니다. 모든 준비에 하나하나 신경을 써야 하는 중요한 행사였습니다. 200명이 참가하는 컨퍼런스였는데 모든 것이 순조롭게 진행되었습니다. 회의는 매우 성공적으로 끝이 났지요. 정리를 못하는 사람이라고 하기에는 너무 대비가 되는 모습이 아닐 수 없습니다. 로라에게는 정리를 못하는 모습 말고도 또 다른 모습이 있는지도 모릅니다.

다음으로는 스스로를 위축시키게 만드는 생각을 어떻게 가지게 되는지, 본인이 원하는 모습에 더 가까워질 수 있도록 정체성을 확장하는 것이 어떤 효과가 있는지를 살펴보겠습니다.

　　'정체성'이라는 단어는 라틴어의 '같음'을 의미하는 단어에서 왔습니다. 우리 자신을 떠올릴 때 우리는 일반적으로 자신이 한 가지 방식으로 존재하고 늘 같은 모습이라고 생각합니다. 또한, 여러가지 특성들을 묶어서 하나의 정해진 모습으로 생각하고 말하는 경향이 있습니다. 이렇게 함으로써 뭔가 내가 남들과 다르게 구별되면서도 일관된 사람인 것 같은 느낌을 받게 됩니다. 하지만 한 가지 방식으로 우리 모습을 규정하게 되면 한계에 부딪히게 되는데 특히 힘든 시기나 문제가 발생했을 때 그렇습니다. 어떤 때는 본인이 이야기하는 자신의 모습이나 다른 이들이 보는 내 모습이 내가 추구하는 가치, 노력 혹은 희망과 맞지 않기도 합니다. '이 모습 말고 또 다른 내 모습이 더 있는데'라는 생각이 든다면 여러분의 정체성을 확장시키고 여러분이 선호하는 정체성이 무엇인지를 생각해보는 것이 좋습니다.

1.3 연습하기: 정체성 스크랩북

　　어린 시절부터 지금까지 여러분의 인생을 보여주는 사진과 기념품으로 가득 찬 스크랩북이 있다고 상상해보세요. 상상 속 스크랩북을 넘겨 보면서 여러분이 좋아하는 방식으로 행동하고 있는 모습이 담긴 장면 두 개를 뽑아 보세요. 아마 큰 즐거움과 기쁨을 느끼는 때일수도 있고, 만족감을 주는 무언가를 열심히 하고 있거나 중요한 인간관계를 보여줄 수 도 있고, 여러분에게 의미 있는 사건을 생각나게 하는 이미지들일 것입니다.

　　2가지 장면을 가능한 생생하게 설명해 주세요. 그 순간으로 다시 돌아가 그곳에 있는 것처럼 이야기 해주세요. 장소, 함께한 사람, 했던 일, 그 때의 감정, 소리, 냄새, 색과 같은 감각적인 요소들까지 표현해주세요.

1.

2.

1.4 되돌아 보기

여러분에게 이 연습 문제가 어떻게 다가왔나요? 여러분의 삶의 다른 순간들을 기억하고 혹은 확인하는 작업으로 여러분 자신의 다른 면을 볼 수 있게 해주었다고 할 수 있을까요? 여러분이 선호하는 여러분의 모습을 약간이라도 엿볼 수 있었나요? 이 과정을 통해 무엇이 가장 와 닿았나요?

정체성과 주체성

브루너와 반두라 등 많은 심리학자들은 정체성이 주체성과 연관 있다고 말합니다. 사람들이 단순히 주변 환경에 의해 만들어진 존재나 주변 영향을 그대로 받아들이는 수동적인 존재가 아니라는 뜻입니다. 사람들은 결정을 내리고 의도적으로 행동하며 자신의 삶의 많은 부분에 영향을 미치며 살아갑니다. 내러티브 훈련을 활용하는 전문가들은 우리가 주체적인 존재이고 우리의 가치, 믿음 및 노력에 따라 결정을 내리고 의도를 갖게 된다고 강조합니다(White, 2007).

　여러분이 상상의 스크랩북에서 고른 장면들을 보며 위의 관점에서 장면들을 살펴보도록 하겠습니다.

1.5 연습하기: 정체성 스크랩북: 가치, 믿음, 노력

이전에 골랐던 두 개의 장면을 다시 살펴보겠습니다.

선택한 장면 #1

이 장면을 뭐라고 부르시겠습니까?

이 장면을 고른 이유는 무엇인가요?

이 순간 당시의 자신은 어떤 모습인가요?

이 장면이 지금 또는 당시에 여러분이 소중히 여기는 무언가를 보여주고 있나요?

여러분에게 소중한 또는 소중했던 노력이나 믿음을 보여주고 있나요?

그런 모습을 할 수 있도록 도와준 이는 누구인가요? 여러분의 좋은 모습을 가능하게 한 인간 관계는 무엇이었나요?

선택한 장면 #2

이 장면을 뭐라고 부르시겠습니까?

이 장면을 고른 이유는 무엇인가요?

이 순간 당시의 자신은 어떤 모습인가요?

이 장면이 지금 또는 당시에 여러분이 소중히 여기는 무언가를 보여주고 있나요?

여러분에게 소중한 또는 소중했던 노력이나 믿음을 보여주고 있나요?

그런 모습을 할 수 있도록 도와준 이는 누구인가요? 여러분의 좋은 모습을 가능하게 한 인간 관계는 무엇이었나요?

주요 스토리와 대안 스토리

앞서 우리는 스스로 또는 다른 이들이 우리가 어떤 사람인지에 대해 한 가지로 결론짓기 때문에 위축되는 느낌을 받는 경우에 대해서 이야기했습니다. 우리가 어떤 사람인지에 대한 정의나 결론이 폭넓지 않은 경우, 우리의 경험에 대한 다양한 시각이나 작은 차이들을 담을 수 없게 됩니다. 내러티브 훈련에서 우리는 이러한 경우를 '주요 스토리'라고 부릅니다.

그렇다면 주요 스토리는 무엇일까요? 스토리는 시간에 흐름에 따라 의미 있는 방식으로 연결된 일련의 사건들이라고 정의한 것을 기억하실 겁니다. 주요 스토리는 삶에서 일련의 경험들을 논리적으로 연결시켜 놓은 것입니다. 하지만 또 다른 중요한 사건이나 경험은 빠져있지요.

예를 들면 이렇습니다.

존은 아침에 일어나서 시계 알람이 울리지 않은 사실을 깨닫고 당황합니다. "아아. 알람을 맞춰 놓고 자는 걸 깜박했구나!" 아직 잠이 완전히 깨지 않은 상태에서 이렇게 말합니다. 급하게 아침을 먹고 출근하는 길에 차에 기름이 다 떨어졌다는 사실을 깨닫게 됩니다. '아. 어젯밤에 기름을 넣었어야 했는데'라고 생각하지요. 10분 지각해서 출근하니 동료가 말합니다. "존, 부장님께서 찾으시던데." '아! 맞다! 보고서!' 부장님을 만나러 회의실에 들어가는 순간 생각이 났습니다. 부장님은 존의 판매 보고서가 마음에 들지 않아 언짢은 상태에서 보고서 일부를 다시 쓰라고 지시합니다. 사무실로 돌아와 자리에 앉자마자 존은 전화를 받기 시작합니다. 하지만 이미 오늘 판매목표를 달성하기에는 갈 길이 너무 멉니다.

자, 어떤 생각이 드시나요? 존이 어떤 사람인지 감이 잡히나요? 정신 없는 사람 혹은 정말 계획적이지 못한 사람이라는 느낌이 들 수도 있습니다. 모든 사건들이 그런 방향으로 흘러가는 듯합니다.

존의 주요 스토리

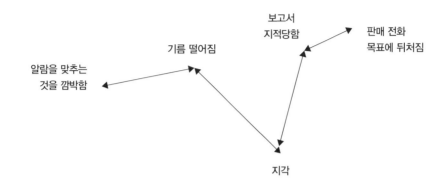

다음의 점들을 연결해서 존의 하루를 보여주는 그래프를 그릴 수 있습니다.

- 알람 맞추기를 깜박 잊음
- 차의 기름이 떨어짐
- 지각
- 상사에게 혼남
- 판매 전화 목표에 뒤쳐짐

이 연결된 사건들이 존의 하루에 대한 기본적인 스토리가 될 수 있습니다. 그리고 존에 대해 무능함, 산만함, 무책임한 사람이라고 설명하게 될 것입니다.

만약 이러한 사건이 자주 일어나고 이 스토리가 존의 생활을 대부분 다 보여준 것이라면 아마도 존은 스스로를 무능하다고 생각할지 모르고 이것이 존의 정체성을 구성하는 주요 스토리일 수 있겠지요.

이 모든 사건들은 실제로 일어난 사건이지만 여기에 언급되지 않은 상황들도 존재합니다. 존이 잠에서 깨자 마자 두 아이들과 애완견이 침대로 올라와서 간지럼을 태우고 뽀뽀를 해댔고 모두 미친 듯이 웃었다는 사실입니다. 아이들 아침을 준비하는 데 10분을 썼고 아내 메리는 직접 만든 점심 도시락을 건네며 좋은 하루를 보내라고 인사합니다. 출근길에 기름이 다 떨어진 걸 발견하는 순간, 출근 중이던 이웃이 가던 길을 멈추고 도움이 필요한지 묻습니다. 그 이웃은 그 동안 존이 자신을 얼마나 많이 도와줬는지 고맙다는 인사를 합니다. 부장님과 미팅 후에 인사팀의 줄리아가 존을 찾아왔고 작년처럼 멋지게 올해도 회사 신년 파티 준비를 맡아줄 수 있는지 물었습니다. 그 후, 판매팀의 찰리가 여자친구 문제로 상의하고 싶은데 점심을 같이 먹을 수 있는지 연락을 했습니다.

다음은 존의 하루를 보여주는 두 번째 그래프입니다.

존의 대안 스토리

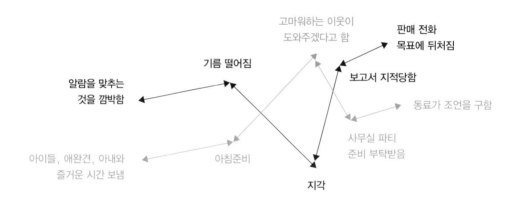

보시다시피 다음의 점들 혹은 사건을 연결하여 존의 하루 그래프를 다시 그려 볼 수 있습니다.

- 존은 아이들과 아내 그리고 애완견의 사랑에 둘러싸여 아침을 맞이합니다.
- 서둘러야 하지만 존은 시간을 내어 아이들을 위해 아침 식사를 준비합니다.
- 존의 이웃이 그 동안 존이 많은 도움을 준 것에 대해 감사의 마음을 전합니다.
- 존이 작년에 사무실 파티를 잘 준비했기 때문에 다시 그 일을 해달라는 부탁을 받습니다.
- 찰리는 존이 인간관계에 대해 말해주는 것들을 존중하고 여자친구에 대한 조언을 구합니다.

1.6 되돌아 보기

이제 존에 대해서 어떻게 생각하시나요? 지금 막 연결 시킨 사건들을 고려하니 또 다른 스토리가 나타나기 시작한다는 생각이 드시나요? 존이라는 사람을 설명하라고 하면 어떤 단어들이 떠오르나요?

우리의 모든 경험을 하나하나 모두 처리하고 통합시키기는 불가능합니다. 주의를 기울여야 할 것들과 중요한 것들을 선택하기 위해서 우리의 스토리를 편집해야 합니다. 모든 사람들이 형광펜을 쥐고 삶을 살아가다가 몇몇 경험만 형광펜으로 표시한다고 상상해보십시오. 우리가 강조하고 싶은 경험과 우리가 연결하는 점들이 삶에서 중요한 스토리들이 됩니다. 우리는 경험 전체를 이해하고 자신이 어떤 사람인지 납득하기 위해서 이러한 중요한 스토리들이 필요합니다. 너무 편협하게 초점을 잡거나 다른 것들은 빼고 특정 종류의 경험만 살린다면 우리는 자신에게 치명적인 영향을 줄지도 모르는 주요 스토리를 만들게 됩니다.

우리의 경험에 대해 본인 또는 타인과 함께 공유하는 스토리들은 스스로를 어떻게 생각하고 이해하는지에 영향을 미칩니다. 즉, 이러한 스토리들은 우리의 정체성에 영향을 미치게 되는 것이죠.

1.7 연습하기: 자신에 대한 주요 스토리

주요 스토리는 종종 한 사람에 대한 일반화라고 표현됩니다. 예를 들어, "그 사람은 정말 재미없어." 또는 "그 사람은 간섭이 심하고 뒷끝이 있더라."라는 식의 표현이지요.

---

1. 여러분을 불편하게 하는 주요 스토리를 스스로 또는 가까운 지인이 만든 적은 없는지 생각해보세요. 예를 들어, "그 친구는 항상 긴장을 하더라", "그 사람은 예쁘지만 그리 명석한 스타일은 아니에요", "그 사람은 진짜 형편없는 리더야", " 그 남자는 부담을 너무 많이 갖는 편이야", "집중력이 별로야" 등등 여러분 혹은 다른 사람들이 여러분에 대해 설명하기 위해 이용한 주요 스토리 중 하나에 제목을 붙여 보세요.

1) 나에 대한 주요 스토리(혹은 나에 대해 이야기할 때 주로 듣는 말)

2) 이 주요 스토리가 여러분에게 어떤 영향을 미쳤나요?

3) 여러분이 행동하는 방식에 영향을 주었나요?

---

4) 인간관계에 영향을 미쳤나요?

5) 스스로를 보는 방식에 영향을 미쳤나요?

6) 미래 계획이나 꿈에 영향을 미쳤나요?

7) 이 영향을 어떻게 평가하나요? 긍정적이었나요? 부정적이었나요?

8) 이 주요 스토리가 여러분의 가치, 책임, 희망과 잘 맞나요? 어떻게 잘 맞나요?

2. 주요 스토리에 대한 증거가 될 만한 사건이나 경험에는 어떤 것들이 있었나요?

1) 주요 스토리와 맞지 않는 사건이나 상반되는 경험 혹은 단순히 그와는 다른 경험들이 있나요? 있다면 적어 주십시오.

2) 주요 스토리 이외의 사건을 살펴 보았을 때 떠오르는 대안 스토리는 무엇이라고 하겠습니까?

3) 이런 대안 스토리 살짝 떠올리는 과정이 여러분에게 어떤 영향을 미치나요? 어떤 생각과 느낌이 드나요? 여러분의 상상력을 자극하나요? 어떻게 하나요?

4) 이 대안 스토리가 여러분의 신념과 가치에 어떻게 들어 맞나요? 미래 목표에는 어떤 영향을 주나요?

아무래도 주요 스토리가 주요한 흐름이다 보니 대안 스토리보다는 훨씬 명확해 보일 겁니다. 주요 스토리에 관심을 더 가져왔고 시간이 감에 따라 계속 대화나 인간관계 속에서 돌고 돌면서 더 강화되었을 테니까 그럴 수 있습니다. 더 잘 전개된 스토리라고 할 수 있지요. 내러티브 훈련 전문가들은 '대안 스토리의 구성을 더 탄탄하게 만들 필요가 있다'고 말합니다. 이를 위해서 근거가 될 만한 경험들이 필요합니다.

수줍음에 대한 주요 스토리를 오랫동안 지니고 살아온 앤이라는 젊은 여성이 있습니다. 앤은 스스로 수줍음을 많이 타는 사람이라고 생각합니다. 어릴 때부터 가족들도 '부끄럼쟁이'라고 앤을 불렀습니다. 친구들이 "앤, 그렇게 수줍어할 필요 없어"라고 말해도 별 소용이 없었습니다. 하지만 앤을 설득시키려고 하기보다 앤이 부끄러움을 타지 않는 때는 언제인지를 살펴보는 것이 더 좋습니다. 앤이 자신의 삶을 찬찬히 살펴보니 스스로 적극적이고 솔직하게 행동하는 경우가 있음을 발견할 수도 있습니다. 앤이 보다 외향적인 삶을 살고 싶다면 수줍음이 없었던 상황에 대한 직접적인 증거들을 찾아 보는 것이 도움이 됩니다.

개인적으로 내러티브 작업에 대한 설명 중 메리 샤이크 웨일리의 표현이 제일 마음에 듭니다. 웨일리는 대안 스토리의 단서들을 찾아내는 일은 금을 채취하는 것과 같다고 표현했습니다. 19세기 미국 캘리포니아의 '골드 러시'에 대한 영화를 본 적이 있나요? 사람들은 금을 찾기 위해 커다란 체를 강물에 담그면서 며칠을 보냅니다. 체에는 큰 돌과 작은 돌들도 함께 들어갑니다. 사람들은 금덩이를 발견할 때까지 체로 거르고 또 거릅니다. 우리 정체성의 금 덩어리는 주요 스토리와는 다르게 우리가 행동했던 때들입니다. 즉, 자신의 정체성에 대해 다른 스토리가 가능함을 보여 주는 증거가 됩니다.

연습 1.8 금 채취하기

이번 연습 문제는 일주일 동안 해야 하는 활동입니다. 여러분의 관찰력을 활용할 기회입니다. 여러분이 원하지 않는 영향을 주는 자신에 대한 주요 스토리를 생각해보세요. 그리고 이 주요 스토리와 맞지 않는 사건, 행동, 경험이 여러분 삶에 있지 않은지 특별히 주의를 기울여 살펴 보세요. 예를 들어, 수줍음이 많다던 앤이 자기주장을 하고 사교적이며 용기를 발휘하는 경우를 살펴보는 것입니다.

여러분 원하는 정체성과는 맞지 않는 주요 스토리들을 나열해 보십시오. 예를 들면 "난 정리가 안 되는 정신 없는 사람이야", "참을성이 없어", "자신감이 없어 보여"와 같은 스토리들이 되겠습니다.

이제는 주요 스토리가 아닌 대안 스토리가 될 만한 단서들을 적어 보세요.

(ex. 체계적으로 일 처리를 했던 때, 인내심을 발휘했거나 자신감 있게 행동했던 경우)

_____   _____

_____   _____

_____   _____

1 주차 대화 연습

친구나 대화상대와 함께 모여서 우리 자신의 여러 가지 모습과 우리가 원하는 정체성에 대해 이야기 나누어 보십시오. 서로의 이야기에 대해 의견과 질문을 나누어 보세요.

첫 번째 주 연습 과정을 함께 해주셔서 감사합니다. 이번 주가 여러분이 선호하는 여러분 자신의 모습에 반하는 몇 가지 주요 스토리를 확인해보고 여러분이 원하는 모습에 더 가까운 대안 스토리가 될 수 있는 경우들을 떠올릴 수 있는 기회가 되었기를 바랍니다. 여러분 자신의 모습을 더 탄탄히 만들 수 있는 이러한 대안 스토리들을 더 많이 찾아 보면 좋겠습니다.

1주차 읽을거리

Seligman, M.E.P. (2002). Authentic Happiness. New York: Free Press. Part 1.

Morgan, A. (2000) What is Narrative Therapy? Adelaide, Dulwich Centre Publications

White, M. & Epston, D. (1990). Narrative Means to Therapeutic Ends (1 ed.). New York: W. W. Norton & Company. Chap.1.

Freedman, J, & Combs, G. (1996). Narrative therapy: the social construction of preferred realities. New York: Norton. Chapter 3.

White, M. (2007). Maps of narrative practice. New York: W.W. Norton. Chapter 2

Week 2
스토리 구성 강화와 난관 대처

스토리 구성 강화와 난관 대처

이번 주에는 여러분이 삶에서 직면하고 있는 문제와 장애물에 대해서 다르게 생각하는 시간을 가져보겠습니다. 기존의 상식에서 조금 벗어날 수도 있습니다. 바로 여러분의 문제가 꼭 여러분의 정체성을 보여주는 것은 아니라는 사실입니다. 문제는 문제고 나는 나입니다. 이번 주의 연습 문제를 통해 여러분은 본인과는 별개인 문제를 그 자체로 생각해보고 이러한 관점이 여러분에게 미치는 영향을 살펴보도록 하겠습니다.

또한 자신을 삶의 주체로 생각하고 미래의 중요한 결정, 노력 그리고 희망에 대해 살펴보도록 하겠습니다. 이번 주 연습 문제를 하는 데 있어서 필요한 사항은 바로 호기심과 열린 마음입니다. 이 활동을 자주 하는 사람들은 자신에 대한 관점을 폭넓게 가지게 되고 계속해서 새로운 가능성을 느낀다고 합니다. 여러분과 이 과정을 함께할 것을 생각하니 벌써부터 신이 나네요. 여러분도 이 새로운 시도를 해볼 준비가 되셨기를 바랍니다.

대안 스토리 탄탄하게 짜기

지금쯤이면 여러분은 자신의 정체성에 대해 다양한 스토리가 될 만한 단서나 증거들을 찾았을 것이라 생각됩니다. 여러분의 대안 스토리를 작은 묘목이라고 생각해보세요. 이 작은 묘목이 잘 자랄 수 있도록 돌봐야 합니다. 주요 스토리는 마치 참나무 같지요. 오랜 기간 자라서 뿌리를 내렸을 겁니다. 대안 스토리를 튼실하게 만들 수 있는 방법 중에 하나는 이를 탐색하고 이에 대해 이야기하고 글을 쓰면서 이 사건들이 나와 동 떨어져 있거나 무관한 일이 아니라는 사실을 깨닫는 것입니다. 사실 이 사건들은 우리의 지식, 기술, 추구하는 가치 및 노력과 관련된 일들입니다.

다르게 이야기하면 나 자신에 대한 '얇은 설명'과 '두꺼운 설명'이라는 관점으로 설명할 수 있습니다. 여기서 얇다, 두껍다는 우리의 허리 사이즈를 말하는 것이 아닙니다. '얇은 설명'과 '두꺼운 설명'이라는 말은 철학 또는 인류학적 관점에서 나온 말이며 누군가를 단순한 관점에서 바라보는 방식과 복잡하고 다각적인 면에서 사람을 설명하는 방식의 차이를 가리킨다고 할 수 있습니다.

얇은 설명과 두꺼운 설명에 대해 생각하다 보면 종종 직물의 이미지가 떠오르곤 합니다. 아주 얇아서 비치는 천과 두껍고 색이 화려한 마야 태피스트리 천의 대비가 떠오르지요. 얇은 천은 실 가닥이 많지 않습니다. 그래서 한 가닥 한 가닥을 다 쉽게 볼 수 있고 서로 성기게 짜여 있지요. 반면 태피스트리 천은 다양한 색의 실이 서로 복잡하게 짜여 있어서 두껍고 복잡하며 튼실한 직물이 됩니다. 우리의 스토리와 정체성도 이와 유사한 방식으로 생각해볼 수 있습니다.

우리가 선호하지 않는 주요 스토리들은 주로 일차원적인 경우가 많기 때문에 얇은 설명으로 볼 수 있습니다. 더 나은 스토리가 되려면 아름다운 태피스트리 천과 같이 인생 스토리의 구성을 더 두텁게 할 필요가 있습니다.

2.1 연습하기: 인생 스토리 탄탄히 짜기

이전 연습 문제에서는 '금 채취하기' 작업을 했습니다. 여러분 자신에 대한 단편적인 얇은 설명과는 다른 경험들의 단서들을 면밀히 찾아보는 작업이었습니다. 여러분이 찾은 단서들 중에 한 가지를 골라 보세요. 자, 이제 여러분이 기자라고 생각하고 그 경험의 자세한 사항에 대한 질문을 해보도록 하겠습니다. 답을 직접 적어도 되고 친구에게 인터뷰를 부탁해도 좋습니다. 다음의 질문에 대한 답을 해보십시오.

연습 1.8 에서 여러분이 나열한 단서들 중 하나를 고르세요. _____

1. 이 경험에 대해 더 이야기해주세요. 어디 있었나요? 무슨 일을 하고 있었나요? 누구와 함께 있었나요?

2. 그 사건이 여러분이 원하는 방향으로 한 걸음 나아가는 기회였다고 생각하나요? 그 이유는 무엇인가요? 그렇다면 이 한 걸음을 위해 무엇을 준비했나요?

3. 여러분이 한 일을 아는 사람은 누구인가요? 그 사람이 이 사건에 대해 말한 것이 있나요?

4. 이 사건을 통해 이 사람이 여러분에 대해 무엇을 알게 되었다고 생각하나요?

5. 만약 아무도 알아차리지 못했다면 누군가가 이 사건에 대해 관심을 가져주기를 바라나요? 그 이유가 무엇인가요? 여러분에게 있어서 이 사건이 중요하다는 사실을 깨닫기 위해서 사람들이 무엇을 알았어야 했나요?

6. 이 사건을 통해 알 수 있는 여러분 자신의 모습은 무엇인가요?

7. 여러분에게 중요한 가치 혹은 믿음과 관련된 것인가요? 어떻게 관련이 되어 있나요?

8. 이 사건이 여러분의 기술이나 지식과는 어떻게 연관되어 있나요?

문제는 증상이 아닙니다

여러분은 어려운 상황에서 '도대체 난 뭐가 문제일까?' 하고 스스로에게 물었던 적은 없나요? 아이가 학교에 가기 싫어하면 '내가 혹시 나쁜 엄마이기 때문은 아닐까' 하고 자책한 적은 없나요? 지금 만나는 남자가 진지한 관계를 맺을 준비가 되어 있지 않다고 말한다면 이 남자를 설득하기 위해 내가 뭔가를 해야 하는 건 아닐까 하고 생각하지는 않았나요? 현재 내 월급이 적은 이유는 나도 모르게 도전을 두려워하는 마음 때문이라고 생각한 적은 없나요?

우리는 그 동안 어려움이 닥치면 마치 이것이 우리 자신의 문제 때문이라고 생각하도록 배워왔습니다. 이렇게 생각하는 것이 너무 당연해서 의문조차 가지지 않았지요. 하지만 어떤 사람들은 이는 문화적인 산물일 뿐 심리학과는 무관하다고 말합니다.

긍정심리학과 내러티브 훈련은 서로 다른 학문 분야이지만 둘 다 20세기에 걸쳐 발달해온 심리학의 전통적인 방식과는 잘 맞지 않습니다. 그리고 오늘날 세계에서 새로운 사고 및 실행방식을 제시하고 있습니다.

심리학의 역사상 대부분 결핍과 병적 측면을 강조하는 특징이 있는데 긍정심리학은 이러한 경향에 대해 회의적이었습니다. 긍정심리학의 아버지라고 할 수 있는 마틴 셀리그먼과 미하이 칙센트미하이는 2차 세계대전 이후 심리학이 대부분 치유의 과학이 되어 왔음을 지적합니다. 이는 매우 중요한 과정이기는 했으나 심리학이 불균형적으로 발달하는 결과를 낳게 되었고 심리학에서는 무엇이 삶을 살아갈 가치가 있게 만드는가에 대해서는 거의 다루지 않았습니다 (Seligman & Csikszentmihalyi, 2000). 긍정심리학은 최적의 삶을 살아갈 수 있는 길에 대해 연구하고 개인과 공동체가 보다 충만하게 살며 번영할 수 있는 요소들을 발견하고 이를 널리 알리려는 학문입니다.

케네스 거겐은 '사회 구성주의(social constructionism)'라 불리는 철학적 전통을 믿는 심리학자입니다. 사회 구성주의에서는 우리가 언어와 타인과의 교류를 통해 현실의 경험을 구성하고 창조한다고 말합니다. 사회구성주의자들은 우리가 경험을 이야기할 때 사용하는 말들이 우리의 사고와 느낌을 전달할 뿐만 아니라 이러한 경험을 바탕으로 우리가 생각하고 느끼고 행동하는 방식을 실제로 형성 혹은 구성한다고 믿습니다.

우리가 쓰는 단어와 우리가 사는 세계

'치료 전문가와 결핍의 확산(Therapeutic Professions and the Diffusion of Deficit, 1990)'이라는 글을 통해 거겐은 치료사들이 의도하는 바는 아니었지만 인간의 경험이 병적이거나 건강하지 못하다는 쪽으로 점점 더 생각하는 데 기여했다고 주장했습니다. 거겐은 '인간의 결핍'이라는 용어가 인류 역사상 얼마나 짧은 시간에 확산이 되었는지를 보여주었습니다. 또, '낮은 자존감', '소진', '중독'과 같은 용어들이 100년 전에는 존재하지 않았음을 지적했습니다. '이러한 정신적 결핍에 대한 용어들은 문제와 단점, 무능함에만 초점을 맞춤으로써 한 개인의 존엄함을 떨어뜨렸다'고 하면서 이러한 개념들을 받아들이게 되면 '스스로에 대한 나약함'에 빠질 수 있다고 말합니다.

　　　결핍과 관련된 용어와 그 영향에 대해 보다 명확하게 이해하기 위해 아래의 연습 문제에 답해 보세요.

2.2 연습하기: 우리의 일상적인 심리 용어

여러분 자신이나 다른 사람에 대해 생각 혹은 이야기 할 때 다음의 용어들을 얼마나 자주 사용하나요?

	전혀 사용하지 않음	때때로 사용함	자주 사용함	매우 자주 사용함
낮은 자존감				
억눌린				
일 중독의				
중독 성향의				
반사회적 성향				
식이장애의				
우울한				
집착하는				
불안한				
궁핍한				
가정 불화				

맞고 틀리는 답은 없습니다. 이 중 몇 가지 개념은 많은 사람들에게 꽤 유용할지도 모릅니다. 하지만 어떤 때는 이 용어들이 매우 제한을 두거나 문제를 일으킬 수도 있습니다. 이 연습은 우리가 사용하는 말과 그 말들이 우리와 타인에게 미치는 영향을 되짚어 보기 위함이었습니다.

2.3 되돌아 보기

위의 단어 또는 유사한 단어 중에 나를 표현할 때 사용된 적이 있는지 생각해보세요. 어떤 단어였나요? 느낌이 어땠나요? 무슨 생각을 했었나요? 그 이후에 그 단어가 여러분의 행동에 어떤 영향을 미쳤나요?

내러티브 훈련의 한 가지 전제는 우리가 쓰는 단어가 개인적으로 그리고 사회적으로 매우 중요하다는 점입니다. 노르웨이 정신과 의사인 톰 앤더슨은 '언어는 순수하지 않다'라고 했는데 그 이유는 우리가 보고자 하는 걸 보고, 듣고자 하는 것을 들으며, 보고 듣는 것에 따라 이해하기 때문입니다. 지난 주에 했던 연습은 여러분 인생의 스토리에서 보고 싶은 것과 듣고 싶은 것을 넓혀 보다 여러분이 어떤 사람인지를 풍성하게 표현하고자 했던 것입니다.

내재적 언어와 외재적 언어

내러티브 훈련의 창시자 중 한 명인 마이클 화이트는 우리가 사람들을 떠올리면서 사용하는 용어들이 '내면의 상태'를 가리키는 경우가 많다고 말했습니다. 내면의 상태에는 무의식적 동기, 본능, 욕구, 특징, 기질 등이 포함되어 있지요(White, 2004). 이 말에 따르면 사람들의 행동과 표현은 내면의 상태를 겉으로 나타내는 것처럼 보여집니다. 즉, 뭔가 우리가 접근하기 힘든 깊은 내면의 과정이 있고 우리의 행동은 이런 눈에 보이지 않는 과정의 결과라는 뜻을 암시합니다. 이러한 관점을 보여주는 전형적인 비유는 '빙산의 일각'이라는 이미지입니다. 우리가 보는 것은 정말 작은 일부이며 가장 중요한 큰 부분은 표면 아래 있는 것들이라는 생각입니다.

이 빙산의 일각 관점을 받아들였을 때 나타나는 중요한 결과는 문제들이 내면 상태의 표출로 이해된다는 점입니다. 그래서 한 개인의 어려움이 깊은 내면의 결핍이나 결점을 나타내 주는 증상 혹은 신호라고 여기게 되는 것이지요. 어려움은 우리 성격의 보이지 않는 결함을 보여주는 신호라고 생각하게 됩니다. '내가 문제를 겪고 있다면 내가 _____라는 뜻이구나'라고 생각합니다. 우리는 문제를 우리 정체성의 일부로 생각하게 됩니다.

화이트와 제롬 브루너 등 다른 학자들은 사람들의 행동과 표현을 '내면의 상태'의 신호로 보는 것만이 유일한 길은 아니라고 말합니다. 역사적으로 문화와 시대에 따라 다양한 방식으로 사람들과 문제를 개념화해왔습니다. 어떤 방식으로 인간을 이해할지 우리는 스스로 선택할 수 있습니다. 내러티브 훈련을 활용하는 전문가들은 문제를 내재화시키는 방식이 종종 부정적인 결과를 가져올 수 있다고 말합니다. 이들은 사람들이 겪는 어려움에 대해서 생각하고 이야기할 수 있는 다른 방식을 제시하고 있습니다. 본격적으로 들어가기 전에 다음의 연습 문제를 통해 여러분이 이 방식에 대한 감을 잡아 볼 수 있으면 좋겠습니다.

2.4 연습하기: 내재적 대화와 외재적 대화

(Freedman and Combs, (1996))

이번 연습 문제는 인터뷰 형식으로 하면 매우 흥미로울 수 있습니다. 친구나 적당한 파트너를 찾아 다음의 질문으로 서로 인터뷰를 할 수 있도록 합니다. 혼자 하는 것을 선호하시는 분들은 스스로를 인터뷰해서 답을 적으면 됩니다.

파트 1

본인의 성격 중에서 스스로를 힘들게 하거나 맘에 들지 않거나 때로는 여러분을 곤란하게 만들어서 바꾸고 싶은 특징을 한 가지 떠올려보세요.

이 성격을 형용사 "X"로 적어보세요. _____

(예를 들어, 2장에 등장했던 우리의 친구 로라는 스스로를 '정리를 못 하는'이라고 표현할 수 있습니다. '신경질적인', '불안한'이라는 단어로 자신을 표현할 수도 있습니다.

다음의 질문에 답해보세요.

1. 어떻게 위의 성격을 지니게 되었나요?

2. 내가 이 성격을 가지지 않았다면 하지 않을 행동은 무엇이 있나요?

3. 최근 위의 성격 때문에 힘들었던 적이 있었나요?

4. 당신이 위의 성격일 때, 스스로에 대한 이미지는 어떤가요?

파트 2

1. 이제 같은 성격을 형용사가 아닌 명사 'Y'로 표현해 보세요.

_____

(예를 들어, 2장에서 나온 로라의 경우 '정리를 못 하는'을 '정리 미숙'으로 바꾸게 되겠고, 신경질적인'은 '신경증'으로, '불안한'은 '불안'으로 바꿀 수 있겠지요.)

2. 무엇이 여러분을 Y에 취약하게 만드나요?

3. 어떤 조건에서 Y가 상황을 좌지우지할 가능성이 높은가요?

4. Y가 여러분의 삶과 타인과의 관계에 미치는 영향은 무엇인가요?

5. 여러분이 현재 겪고 있는 어려움 중에 Y 때문에 비롯된 것이 있나요?

6. Y로 상황이 좌지우지 될 뻔 했으나 여러분이 막은 경험이 있나요?

2.5 되돌아 보기

1. 지금 한 작업에 대해서 되짚어 보거나 대화 상대와 함께 이야기해보십시오.

2. 형용사로 된 성격(파트 1)과 명사로 된 특징(파트 2)에 대해 인터뷰에 응할 때 어땠나요?

3. 파트 1(형용사)의 질문을 받을 때 어떤 생각과 느낌이 들던가요?

4. 파트 2(명사)일 때는 어땠나요?

5. 형용사로 된 특징과 명사로 된 특징을 이야기할 때 차이가 있었나요?

6. 차이가 있었다면 어떤 것이었나요?

다시 말하지만, 틀리고 맞는 답은 없습니다. 하지만 내러티브 훈련 전문가들에 따르면 사람들이 종종 문제를 형용사로 표현하며, 이를 내재화하여 마치 그 문제들이 우리 자신을 나타내는 주요한 특징이며 이는 우리의 일부여서 바꾸기 어렵다고 생각하는 경향이 있다고 합니다. 우리가 문제를 명사로 표현하게 되면 우리는 이를 외재화시키게 됩니다. 문제를 자신과 분리되어 있는 무언가로 표현하는 것입니다. 즉, 나는 나이고 문제는 문제라는 뜻입니다. 이러한 구분을 통해 우리는 문제를 다른 관점에서 바라 볼 수 있게 되고 더 많은 선택지와 행동의 영역이 넓어진다고 느끼게 됩니다.

흥미롭게도 외재화 관점은 긍정심리학의 긍정성과 관련된 일부 연구의 결과와도 잘 맞습니다. 긍정적인 전망을 가진 사람들은 좋은 일이 일어날 것이라고 기대합니다. 많은 연구 결과에서 보통 긍정적인 마음은 유익하다고 밝혀졌습니다. 우리가 무언가를 성취할 수 있다고 확신할 때 우리는 이에 따라서 행동하고 상황이 좋지 않을 때조차 꾸준히 노력을 하게 됩니다(Carver & Scheier, 2005).

연구에 따르면 역경이 닥쳤을 때 사람들은 긍정성으로 괴로움을 덜 느끼게 되며 긍정성 덕분에 스트레스가 큰 상황에서도 잘 헤쳐갈 수 있게 된다고 합니다(Carver & Scheier, 2005). 뭔가가 잘못되었을 때 긍정적인 사람들은 이를 별개의 문제로 보는 반면 부정적인 사람들은 이를 일반화하여 자기 자신의 모습이라고 여기는 경향이 있습니다. 예를 들어 긍정적인 사람들은 '이번 시험은 공부를 덜 했구나. 이제 목요일마다 수학 복습을 해서 다음 시험은 더 잘 준비해야겠다'라고 생각하는 반면, 부정적인 사람들은 '난 수학은 정말 안 되나 봐. 수학은 아무래도 낙제할 거 같아'라고 생각합니다. 상황이 안 좋을 때 부정적인 생각은 내재화, 긍정적인 생각은 외재화의 과정이라고 부를 수 있겠습니다.

개인의 주체성

문제를 외재화하는 것이 우리가 직면하는 문제들에서 우리의 정체성을 분리하는 데 얼마나 큰 도움이 되는지 알 수 있었습니다. 우리가 자신이 원하는 모습이 될 수 있도록 도와 주는 내러티브 훈련의 다른 요소들로는 어떤 것들이 있을까요? 마이클 화이트는 사람들을 자신의 의도, 목표, 가치, 노력에 따라 움직이게 하는 무언가를 이해하는 것이 중요하다고 말합니다. 이 심리학의 핵심은 개인의 주체성에 대한 생각입니다. 개인의 주체성이란, 본인이 삶의 능동적인 주체로서 선택을 하고, 소중하고 의미 있다고 생각하는 것들을 추구할 수 있으며 의도적으로 행동한다는 개념입니다. 화이트는 사람들이 변화를 원하거나 자신이 원하는 모습과 가까워지길 갈망할 때 자신의 의도와 가치, 노력, 희망, 꿈에 대해 묻는 과정이 도움이 된다고 제안합니다.

이 장에 끝에서 여러분의 미래에 대해 살펴보고자 합니다. 우리의 목표, 희망, 꿈은 우리의 과거보다 훨씬 더 큰 힘을 발휘할 수 있습니다. 조지 베일런트는 하버드 성인 발달 연구라는 세계에서 가장 중요한 장기 연구 프로젝트를 수행했습니다. 이 연구에서는 20대 초반의 남성 그룹을 70년 이상 추적 조사하였습니다. 그 연구 대상자 중에는 '위기의 사람들'로 분류되는 이들이 있었는데 가정에서 학대, 알코올중독, 폭력 등을 경험한 사람들이었습니다. 어린 시절 겪은 불행에도 불구하고 이들 중 많은 사람들은 자신의 삶을 주체적으로 받아들이고 현명한 결정을 내리며 위기에서 빠르게 회복하는 능력을 보여주었습니다. 또한 베일런트는 나이가 들어감에 따라 성숙한 성인이 되게 하는 요소 중에 하나가 미래지향적인 태도임을 발견했습니다. 회복력에 관한 다른 연구에서도 자신에 대한 긍정적인 시각과 미래에 대한 희망이 발달 단계에서 오는 위협에 맞서 방어할 수 있는 요소이며 회복력을 키워주는 요소라고 밝혀졌습니다.

미주리대학 교수인 로라 킹 박사는 우리의 웰빙을 위해 목표를 설정하는 것의 중요성에 대해 연구하였습니다. 자신의 목표를 적어 놓는 사람일수록 목표를 달성할 확률이 높다고 합니다. 킹 박사는 미래의 가능한 최고의 나의 모습에 대해 적어 보는 것의 효과에 대해서도 연구하였습니다. 그 연구에서 실험 참가자들에게 삶의 다양한 영역에서 미래 자신의 최고 모습을 시각화해보고 20분간 적어 볼 것을 4일 연속 부탁했습니다. 다른 그룹의 참가자들은 큰 상처가 된 경험을 적어보도록 했습니다. 왜냐면 트라우마에 대해서 적는 것이 건강 회복 등 유익한 효과를 가져온다는 증거가 많이 있었기 때문입니다. 킹 박사는 자신의 미래 최고 모습에 대해 썼던 사람들이 훨씬 좋은 정서와 더 많은 행복감을 느낀다는 점을 발견했습니다. 그리고 이들은 트라우마에 대해서 적은 사람들과 같이 정서적으로 불쾌감을 느끼며 글을 쓰지 않아도 더 나은 신체 건강상의 유익을 얻을 수 있었음이 밝혀졌습니다(King, 2001).

행복에 관한 저명한 학자 중에 한 명인 소냐 류보머스키도 이와 유사한 연구를 진행했는데, 다른 점은 참가자들에게 연구소에서 이 글을 한 번 쓰도록 하고 그 이후에는 집에서 본인이 원하는 횟수와 길이로 적게 하였다는 점입니다(Lyubomirsky, 2007). 공동 연구자인 쉘던은 이 글을 쓰면서 사람들이 긍정적인 정서를 더 많이 느끼게 된다는 사실과 이 연습이 자신들에게 잘 맞는다고 느끼고 꾸준히 실천한 사람들이 글쓰기를 통해 가장 많은 혜택을 본다는 사실을 알아냈습니다.

류보머스키와 쉘던이 '최고의 나 자신'의 의미를 설명할 때 이렇게 말하곤 합니다. "모든 것들이 최고로 잘 풀렸을 때의 미래 모습을 상상해보세요. 여러분은 열심히 일했고 여러분 인생의 목표를 모두 이루었습니다. 여러분 인생의 꿈이 모두 실현되었고 여러분이 가지고 있는 최고의 잠재력이 다 발휘되었다고 생각해보십시오."(Lyubomirsky, 2007)

2.6 연습하기: 최고의 나의 모습

킹 박사와 류보머스키 박사의 연구를 바탕으로 미래 가능한 최고의 나의 모습에 대해 적어보도록 하겠습니다.

2주차 대화 연습

친구나 대화상대와 함께 모여서 '문제의 외재화'에 대한 생각을 나누어 봅시다. 문제를 형용사로 표현할 때와 명사로 표현할 때 어떻게 다른지도 이야기해보세요.

2주차 읽을 거리

Miller, C.A & Frisch, M.B. Creating your Best Life: The Ultimate Life List Guide.

Freedman, J., & Combs, G. (1996). Narrative therapy: the social construction of preferred realities. New York. Norton. Chap. 5.

Week 3
PERMA와 삶의 긍정성

Week 3
PERMA와 삶의 긍정성

이번 주에는 마틴 셀리그만 박사의 웰빙에 관한 새로운 이론과 이를 위한 5가지 요소의 앞 글자를 따서 만든 PERMA에 대해 이야기해보도록 하겠습니다. 워크북에서 5 가지 요소를 모두 다루겠지만 이번 주에는 특별히 '긍정정서(Positive Emotions)'가 의미하는 바와 우리 삶에 어떤 역할을 하는지 집중적으로 다루어 보도록 하겠습니다. 여러가지 연습을 통해 여러분이 다양한 긍정정서에 대해서 되짚어 보고 여러분의 웰빙을 위해 어떻게 이 긍정정서들을 키워갈 수 있을지 생각하는 시간이 되기를 바랍니다.

웰빙에 대한 새로운 이론

긍정심리학의 창시자 중 한 명인 마틴 셀리그만 박사는 최근《플로리시: 웰빙과 행복에 대한 새로운 이해》(2011)라는 책을 통해 이전의 행복에 대한 생각들을 정리하였습니다. 셀리그만 박사는 이제 웰빙이라는 개념을 선호하게 되었는데 그 이유는 행복이라고 하면 보통 거의 유쾌하고 기분 좋은 상태를 연상시키고 이는 긍정심리학 연구를 단순화시키는 작용을 했기 때문입니다. 셀리그만 박사는 긍정심리학은 행복을 느끼는 것 이상의 것으로, 우리의 선택 그 자체를 이해하기 위한 학문이라고 말합니다.

우리는 자신을 기분 좋게 하는 선택을 하고 때로는 그리 유쾌하지는 않지만 다른 이유로 가치 있는 일들을 선택하기도 합니다. 예를 들어 집에서 시험 공부를 하는 것보다는 영화를 보러 가는 게 훨씬 즐거운 일입니다. 하지만 시험에 통과하는 것이 우리의 목표와 미래 꿈과 직결되어 있고 우리 자신이나 가족들을 위한 노력의 일부일 수 있기 때문에 우리는 영화를 즐기는 대신 의자에 앉아 공부를 하게 됩니다.

셀리그만 박사가 제시하는 웰빙PERMA모델은 5가지 요소로, 긍정정서(Positive Emotions), 몰입(Engagement), 관계(Relationships), 의미(Meaning), 성취(Accomplishment)를 말하며, 이 요소들은 웰빙을 가리키는 지표가 될 수 있습니다.

긍정정서(Positive Emotions)

최근에 뭔가에 대해 강한 열정을 느껴본 적이 있나요? 이번 주에는 몇 번이나 감탄을 했나요? 가장 최근에 진심으로 감사함을 느낀 때는 언제인가요? 오늘 가장 즐거웠던 일은 무엇인가요? 이는 바바라 프레드릭슨 박사가 긍정정서에 대해 사람들이 생각해볼 수 있도록 개발한 질문들이며 이를 활용해서 긍정성 연구가 진행되었습니다. 프레드릭슨 박사는 미국 노스캐롤라이나 대학의 교수이자 심리학자입니다. 긍정심리학계에서 세계적으로 저명한 연구자 중에 한 명이며 감정, 정서의 생리학 그리고 웰빙에 대한 연구를 전문으로 하고 있습니다.

사람들은 직관적으로 자신의 느낌이 긍정적인지 부정적인지를 분류합니다. 모든 감정이 인간 정서의 범위에 모두 포함되고 어쩌면 모든 감정을 경험하고 받아들일 수 있어야 할지도 모르지만 우리는 보통 강인함, 경각심, 영감, 사랑과 같은 감정을 느끼고 싶어하는 반면 분노, 슬픔, 불안, 혐오와 같은 감정은 느끼고 싶어하지 않습니다.

심리학자들은 100년 이상 정서를 연구해왔지만 최근까지도 특히 우울, 분노, 불안과 같은 부정적 정서에만 집중해왔습니다. 바바라 프레드릭슨 박사는 인류가 진화하는 과정에서 부정정서가 나름의 역할을 해왔다는 사실에 동의한다고 말합니다. 두려움, 분노, 불안은 우리가 위험에 대비할 수 있도록 도와주는 알람과 같습니다. 이 감정들은 잘 알려진 '투쟁-도피 반응(Fight or flight reaction)'에서 핵심 역할을 합니다.

신석기 시대 동굴에 살던 원시인이 밖으로 나와 돌아다니다가 갑자기 호랑이를 만났다고 상상해보세요. 두 가지 선택 사항이 있습니다. 호랑이와 싸우거나 가능한 재빨리 도망치는 것이죠.

이것이 바로 '투쟁-도피 반응'입니다. 비록 오늘날 도시화된 생활 속에서 야생동물과 만나는 일은 거의 없음에도 불구하고 우리의 신체는 예전에 비해 그리 많이 변하지 않았습니다. 생리학적으로 우리는 신석기인들과 거의 유사한 방식으로 반응합니다.

프레드릭슨 박사가 지적한 흥미로운 사실은 이러한 부정정서가 매우 명확한 신체적 신호를 동반한다는 점입니다. 혈압이 올라간다든지 땀이 나고 체온이 올라가는 등의 신체적 변화가 나타나는 것이죠. 하지만 유쾌한 정서는 보통 명확한 생리적 신호와 상호관련 되어 있지 않습니다. 우리는 긍정정서에 대해 아는 것이 많지 않고 수 년간 그 누구도 이에 대해 연구하지 않았습니다. 바바라 프레드릭슨 박사는 긍정정서도 어떤 식으로든 유용할지 모른다고 생각했고 그 연구의 결과는 놀라웠습니다.

프레드릭슨 박사와 연구팀은 연구에 참여하는 사람들에게 긍정정서를 불러일으키기 위해 기발한 방식을 활용했습니다. 예를 들어 사람들이 실험실에 도착하면 일단 재미있는 비디오를 보여 주거나 초콜릿과 같은 작은 선물을 줍니다. 그리고 나서 몇 가지 테스트를 진행했습니다. 프레드릭슨은 사람들이 긍정정서를 느낄 때 단기 기억력과 집중력이 향상되어 언어 테스트의 결과가 더 좋아진다는 사실을 알게 되었습니다. 또한 긍정정서를 느낀 사람들이 새로운 정보에 대해 더 개방적이었습니다. 데이터에 따르면 긍정정서가 시각적 주의력과 언어 창의성을 개선시키고 학생들의 경우 시험 전에 긍정정서를 느끼면 더 좋은 성적을 내는 것으로 밝혀졌습니다.

또 다른 실험에서는 의사들이 환자에 대한 건강검진을 실시하기 전에 긍정정서를 느끼면 성급한 진단을 덜 내리고 모든 의학 검진 정보를 더 잘 종합하게 된다고 합니다. 또한 직장인들을 대상으로 한 연구에서 긍정정서를 느낀 관리자들은 의사결정 과정에서 더 신중하고 정확한 모습을 보였을 뿐만 아니라 인간관계에서도 효과적인 모습을 보였다고 합니다. 직장인 관련 다른 연구 결과에서도 긍정정서를 느끼고 협상에 나온 사람들이 보다 더 좋은 결과를 내는 것으로 밝혀졌습니다. 프레드릭슨 박사는 이와 같은 결과가 단지 미국인에게만 해당되지 않으며 인도인이나 일본인 등 다른 문화권의 사람들에게도 동일하게 해당됨을 알아냈습니다.

긍정적인 영향과 인지 기능 간의 관계에 관한 수많은 연구를 바탕으로 프레드릭슨 박사는 긍정정서가 인류의 진화에 있어 나름의 역할을 했다고 믿게 되었습니다. 긍정정서는 인류가 주변 환경을 탐색할 수 있도록 해주었습니다. 또한 새로운 정보를 받아들이며 효과적으로 학습하고 실험하며 창조할 수 있도록 해주었습니다. 프레드릭슨 박사는 이 이론을 '긍정정서의 확장과 구축 이론'이라 명명하였습니다.

또 다른 많은 연구에서 긍정정서가 사람들에게 유익하다는 사실이 입증되었습니다. 장기적으로 긍정정서를 더 많이 느낀 사람들이 자신의 삶에 더 만족하고 커플관계도 더 좋으며 더 좋은 직업을 가질 뿐만 아니라 장수까지 누리게 됨을 밝혀냈습니다(Harker & Keltner, 2001; Danner, Snowdon & Friesen, 2001).

어떤 이들은 닭과 달걀의 문제가 아니냐고 묻기도 합니다. 더 좋은 직업과 만족스런 결혼생활을 하는 사람들이기 때문에 긍정정서를 더 많이 느끼는 것은 아닐까요? 아니면 긍정정서를 더 많이 느끼기 때문에 더 나은 삶을 사는 것일까요? 하지만 그 동안 연구에 활용된 통계 기술과 장기 연구에서 얻은 데이터들을 보면 이 두 가지 요소의 관계가 어떤 방향으로 흐르는지 알 수 있습니다. 긍정적인 감정이 실제로 성공, 만족, 장수를 예측할 수 있는 요소입니다.

프레드릭슨 박사는 책 〈내 안의 긍정을 춤추게 하라(2015)〉에서 긍정정서를 넘어 긍정적인 태도와 생각에 대해 이야기합니다. 그리고 대중적으로 널리 인정받고 사람들이 가장 자주 언급하는 10가지 형태의 긍정정서를 알아냈습니다. 과연 어떤 것들이 있을까요?

3.1 연습하기: 10가지 긍정성 찾기

아래 퍼즐에 10가지 형태의 긍정정서가 숨어 있습니다. 찾아서 적어 보세요.

Q	F	T	T	E	I	H	B	E	O	S	C
E	A	T	J	M	R	O	G	I	F	E	O
N	E	F	I	O	I	P	R	Q	W	R	D
E	O	H	A	I	Y	E	A	A	L	E	F
I	N	S	P	I	R	A	T	I	O	N	S
F	I	A	T	V	F	M	I	O	V	I	U
N	T	S	L	R	D	W	T	E	T	T	C
I	F	N	S	E	I	E	U	S	E	Y	R
R	C	U	D	E	Y	V	D	I	S	B	U
T	A	I	N	T	E	R	E	S	T	K	G
D	R	M	N	S	I	W	L	L	Y	E	S
P	P	G	L	D	A	E	H	G	S	C	C

_____   _____

_____   _____

_____   _____

_____   _____

_____

답: 기쁨(Joy), 감사(Gratitude), 평온(Serenity), 흥미(Interest), 희망(Hope), 자부심(Pride), 재미(Fun), 경외(Awe), 감흥(Inspiration), 사랑(Love)

프레드릭슨 박사는 10가지 긍정정서에 대해서 아래와 같이 설명합니다.

기쁨(Joy): 모든 것이 잘 풀릴 때, 기대했던 것보다 더 잘 풀리고 큰 노력이 필요하지 않을 때 기쁨을 느낍니다. 기쁨은 모든 것을 받아들이고 즐기고 참여하고 싶게 만듭니다.

감사(Gratitude): 선물로 받은 무언가에 대한 가치를 깨닫게 될 때 우리는 감사함을 느낍니다. 그리고 나면 나도 뭔가를 상대에게 주고 싶고 그 사람을 위해 좋은 일을 하고 싶어지지요. 기쁨과 가치를 인정하는 마음이 섞여 있는 감정 같습니다.

평온(Serenity): 우리가 안전하고 크게 노력할 필요가 없는 상황에서 느낄 수 있는 정적인 감정입니다. 프레드릭슨 박사에 따르면, 평온은 우리가 현재 있는 그 자리에 머무르며 현재의 경험을 음미하고 싶게 만든다고 합니다.

호기심(Interest): 호기심에는 노력이 어느 정도 필요합니다. 여러분이 발견한 것을 탐색하고 싶어지게 만들지요. 관심으로 열린 마음과 살아있다는 느낌을 가지게 됩니다. 이는 새로운 생각을 흡수하고 배울 수 있도록 도와줍니다.

희망(Hope): 뭔가가 잘못 되었을 때, 불확실한 상황을 마주할 때 우리는 희망을 가지게 됩니다. 희망에는 상황이 더 나은 방향으로 변할 수 있고 가능성이 있다는 믿음이 깔려 있습니다. 희망이 있으면 우리는 절망에 빠지지 않고 우리가 가진 것들을 활용해서 상황을 좋은 방향으로 바꿀 수 있도록 동기부여가 됩니다.

자부심(Pride): 스스로의 노력이나 기술로 이룬 성취에 대해서 우리는 뿌듯함을 느끼고 이를 다른 이들과 나누고 싶을 수 있습니다. 자부심으로 인해 더 노력하고 싶은 마음이 들기도 합니다. 다만, 자부심이 자만심이 되지 않도록 유의해야 합니다.

재미(Fun): 좋은 쪽으로 뭔가에 놀랐을 때 우리는 재미를 느낍니다. 위험하지 않으면서 뭔가

평소와 다른 상황이 재미있게 느껴질 수 있습니다. 재미는 우리를 웃게 만들고 다른 사람들과 즐거움을 함께 나누고 싶게 합니다.

감화(Inspiration): 무언가 탁월한 생각이나 행동을 깨닫게 될 때 우리는 감화를 느낍니다. 이는 지금보다 더 잘할 수 있도록 힘을 주고 잠재력을 발휘할 수 있도록 해줍니다.

경외(Awe): 대자연과 같이 거대한 아름다움이나 뛰어남에 압도되었을 때 우리는 경외로움을 느끼게 됩니다. 경외는 우리가 자신보다 큰 무언가의 일부임을 느끼게 해줍니다.

사랑(Love): 프레드릭슨 박사는 사랑이 다른 모든 긍정정서 즉, 기쁨, 감사, 평온, 호기심, 희망, 자부심, 재미, 감화, 경외를 모두 아우른다고 말합니다. 우리가 관계에서 이러한 감정을 느낄 때 우리는 이를 사랑이라고 부릅니다.

3.2 연습하기: 이번 주에 자주 느끼고 싶은 긍정정서는?

10가지 긍정정서 중에서 이번 주에 자주 느끼고 싶은 긍정정서가 있다면 무엇인가요? 아래에 표시를 해보세요.

기쁨 감사 평온 호기심 희망 자부심 재미 경외 감화 사랑

1. 왜 이 긍정정서를 선택했나요?

2. 이 긍정정서와 얼마나 익숙한가요?

3. 가장 최근에 이 긍정정서를 느낀 경험에 대해 이야기해주세요.

4. 이 긍정정서가 일상 활동에 어떤 영향을 미치나요?

---

5. 이 긍정정서가 인간관계에는 어떤 영향을 미치나요?

6. 이 긍정정서가 미래 계획에는 어떤 영향을 미치나요?

7. 이 긍정정서가 여러분의 정체성에는 어떤 영향을 미치나요?

8. 선택한 긍정정서를 더 자주 느끼기 위해서 주변에 전문이라고 생각하는 사람과 이야기할 수 있다면 그 사람은 누가 될 수 있을 까요?

9. 이 사람이 어떤 조언을 해줄지 떠오르는 게 있나요?

3.3 되돌아 보기

앞의 모든 질문에 답하고 나서 어떤 생각이나 느낌이 드나요?

프레드릭슨 박사는 수천 명이 참여한 300건 이상의 긍정정서 연구를 통해 얻은 결과를 요약하였습니다. 데이터에 따르면 긍정정서는 우리 삶에 다음과 같은 혜택을 가져다 주는 것으로 밝혀졌습니다.

- 긍정성은 낙관성, 회복력, 수용, 열린 마음, 목표의식 등과 같은 심리적 강점들을 키워 줍니다.
- 인내, 집중력, 마음챙김, 음미, 목표달성이나 문제해결을 위한 다른 방식을 고려하는 능력 등과 같은 건전한 정신적 습관을 만들어 줍니다.
- 긍정정서는 전염성이 있기 때문에 사회적 관계성을 키워주고 유대감을 강화시킵니다. 또한 우리를 매력적인 사람으로 만듭니다.
- 긍정정서는 신체적 건강도 증진시켜 줍니다. 긍정정서는 도파민 분비를 증가시키고 면역체계도 활성화시키며 스트레스로 인한 염증 발생도 줄이는 역할을 합니다.

긍정성이 우리에게 주는 혜택을 보고 여러분 자신만의 긍정정서에 대해 생각하고 있을지도 모르겠습니다. 다음 연습 문제를 보면서 한 가지 긍정정서를 보다 자세히 살펴보도록 하겠습니다.

3.4 연습하기: 스스로 해보세요

여러분에게 10개의 긍정성 중에 한 가지를 확실히 경험할 수 있는 조건을 만들 수 있는 자유와 자원이 주어진다고 상상해보세요.

---

1. 원하는 긍정성을 하나 선택하세요. (동그라미 표시로)

　기쁨　　감사　　평온　　호기심　　희망　　자부심　　재미　　경외　　감화　　사랑

2. 선택한 긍정성 _____을/를 느끼기 위해서 다음의 질문에 답해보세요.

1) 장소는 어디가 될까요?

2) 어떤 활동을 하고 있을까요?

3) 누구와 함께 있을까요?

---

4) 음악을 듣고 있을까요? 그렇다면 어떤 음악일까요?

5) 책을 읽고 있을까요? 그렇다면 어떤 책을 읽고 있을까요?

6) 영화나 TV 프로를 보고 있을까요?

7) 선택한 긍정정서 _____을/를 위한 당신만의 '비법'은 무엇이 될까요?

긍정성 비율

프레드릭슨 박사의 가장 중요한 연구 결과 중 하나는 바로 긍정성 비율입니다. 프레드릭슨 박사와 동료 연구자들은 최적의 삶과 번영하는 삶을 사는 사람들은 공통점이 있음을 발견했습니다. 이들은 모두 일상 속에서 부정정서보다는 긍정정서를 더 많이 경험하였으며 그 비율이 긍정정서 3:부정정서 1 정도가 된다고 밝혔습니다. 즉, 부정적 감정을 1번 느낄 때 긍정적 감정은 3번 정도 느낀다는 뜻입니다. 이 비율은 단순히 긍정정서나 부정정서의 존재 유무를 넘어 어느 비율로 느끼냐가 중요함을 의미합니다. 우리는 모두 부정적인 감정을 느낍니다. 이는 지극히 정상적인 삶의 단면이지요. 그리고 웰빙에 나름 역할을 합니다. 다만 긍정적인 감정과 비교해서 얼마나 자주 부정적 감정을 느끼는지가 중요합니다.

긍정성 비율은 개인뿐만 아니라 집단의 특징으로도 나타납니다. 회사에서 성공적인 팀들을 연구한 결과 프레드릭슨 박사와 로사다 박사는 이런 그룹들도 3:1의 비율로 긍정성과 부정성을 보인다는 사실을 알아냈습니다. 행복한 커플에 대한 연구를 진행한 존 고트먼 박사는 이들은 긍정성과 부정성의 비율이 5:1 정도라고 밝혔습니다. 프레드릭슨은 로버트 슈왈츠 박사의 연구에 대해서 언급하였는데 우울증을 앓고 있는 사람들의 경우 긍정성과 부정성의 비율이 1:1이라고 합니다. 이 결과가 좀 놀라웠던 이유는 보통 우울증이 있는 사람들의 경우 일반적으로 긍정적인 감정보다 부정적인 감정을 훨씬 더 많이 느낄 것이라고 생각하기 때문입니다. 일반적으로 부정적인 감정은 긍정적인 감정보다 더 강하기 때문에 그래서 균형을 맞추기 위해서는 긍정적인 감정이 더 많이 필요하게 됩니다.

프레드릭슨 박사는 우리의 긍정성 비율을 자가진단할 수 있는 질문지를 개발했습니다. 이는 코치 및 컨설턴트로서의 나의 일에도 도움이 되었지만 제 개인 삶에도 도움이 된 도구입니다. 이 질문지는 해당 웹사이트(www.PositivityRatio.com)에 가면 무료로 이용하실 수 있습니다.

3.5 연습하기: 나의 긍정성 비율 찾기와 추적하기

www.PositivityRatio.com에서 긍정성 비율 테스트를 한 번 해보세요. 불과 몇 분밖에 걸리지 않습니다. 매일 비슷한 시간에 해보세요. 하루 전체를 돌아볼 수 있도록 저녁 시간에 하는 것을 추천해 드립니다. 일주일에 대한 설문지를 작성해보고 여러분 자신에 대해서 무엇을 알 수 있었는지 살펴보세요. 일주일간의 긍정성 비율을 적어보세요.

첫째 날   긍정성 비율 = _____

둘째 날   긍정성 비율 = _____

셋째 날   긍정성 비율 = _____

넷째 날   긍정성 비율 = _____

다섯째 날   긍정성 비율 = _____

여섯째 날   긍정성 비율 = _____

일곱째 날   긍정성 비율 = _____

3.6 되돌아 보기

1. 일주일이 지나가는 시점에서, 자신의 긍정성 수준에 대해서 생각하고 평가하는 것이 어땠나요?

2. 새로 알게 된 흥미로운 사실이 있나요?

3. 긍정성과 부정성에서 나타나는 패턴이 있었나요?

4. 추가적으로 하고싶은 말이 있나요?

우리는 우리의 긍정성을 높일 수 있을까요? 프레드릭슨 박사는 가능하다고 말합니다. 그리고 긍정성을 높일 수 있는 여러가지 구체적인 방법을 소개하고 있습니다.

- 내가 겪은 경험들에서 긍정적 의미 찾아보기
- 즐겁게 선행 실천하기
- 감사한 일 헤아려 보기
- 내가 무엇에 대해 열정을 가지고 있는지 알아보고 실행에 옮기기
- 미래에 대한 꿈 꾸기
- 나의 강점 활용하기
- 사람들과 교감하기
- 자연과 교감하기
- 열린 생각 갖기
- 열린 마음 갖기

번영

셀리그만 박사와 마찬가지로 바바라 프레드릭슨 박사와 마샬 로사다 박사도 '인간의 번영'에 관심을 가지고 있습니다. 번영이라는 단어는 친절, 창의성, 회복력을 갖춘 최적의 삶을 표현하기 위해서 사용하였습니다. 번영은 병이 없는 상태를 넘어서 긍정적으로 기능하는 삶을 담고 있습니다. 프레드릭슨에 따르면, 어떤 사람들은 번영하지 않고 괴로워하며 자신들의 삶이 공허하다고 느낍니다. 반면 번영하는 사람들은 심리적으로, 사회적으로 매우 행복한 삶을 누립니다. 이들은 세상과 가족 그리고 자신의 일을 위해 열심히 노력합니다. 또한 목적의식을 가지며 좋은 것을 나누고 함께 기뻐합니다(Fredrickson, 2009).

웰빙은 단순한 심리적 요소만을 의미하는 것이 아니라는 점이 중요합니다. 경제 발전 수준과 제대로 기능하는 사회 제도 그리고 지역사회와도 상당히 많이 관련되어 있습니다. 전 세계 여러 나라와 지역에 따른 웰빙의 수준을 비교하는 연구가 많이 진행되었습니다. 그 결과 선진국이며 민주주의가 발달한 나라, 치안이 좋고 정부로부터 지원을 받고 있다고 느끼는 나라의 사람들이 더 행복하고 자신의 삶에 더 만족하고 있음을 알 수 있었습니다.

경제와 심리적 웰빙의 관계는 복잡합니다. 이 주제에 대한 많은 연구들을 살펴본 에드워드 디너와 로버트 비스워스 디너에 따르면 부자가 자신의 삶에 더 만족해 하고 선진국 국민이 행복도가 더 높은 점을 감안하면 돈이 어느 정도까지는 행복에 기여를 한다고 말합니다. 그럼에도 불구하고 모든 사람에게 이 사실이 적용되는 것은 아니라고 지적합니다. 극빈층 중에도 매우 행복한 사람들이 있고 불행한 백만장자도 있기 때문입니다. 연구 결과가 말해주는 사실은 돈이 더 많으면 행복 수준을 어느 정도까지는 높여줄 수 있다는 점입니다. 가진 돈이 거의 없을 때 수입이 오르면 큰 행복을 느낄 수 있습니다. 반면 더 많은 수입을 받고 있을 때 수입이 느는 경우는 그만큼 큰 행복을 가져다 주지 못합니다. 에드 디너와 로버트 비스워스 디너의 설명에 따르면, 수입의 절대적인 양보다는 물질적인 것에 대한 우리의 기대와 태도가 우리의 행복에 가장 큰 영향을 미친다고 합니다. 결론적으로 돈이 있다는 건 행복에 도움이 되지만 돈에 지나치게 매달리는 것은 오히려 행복에 해가 될 수 있다는 것을 알 수 있습니다.

3.7 연습하기: 우리나라의 행복과 웰빙의 수준 조사하기

삶에 대한 만족도, 행복, 웰빙을 측정할 수 있는 방식도 많고 이 주제를 연구하는 기관도 많습니다. 댄 뷰트너가 쓴 《Thrive》라는 책에서 다음과 같은 기관을 소개합니다.

- 네덜란드 에라스무스대학의 '행복에 관한 세계의 데이터베이스(World Data Base of Happiness)'
- 세계가치관조사(World Values Survey)
- 갤럽 세계 여론조사(Gallup World Poll)
- 라티노바로미터(Latinobarometro)
- 유로바로미터(Eurobarometer)

연구자의 마음으로 몇 분간 이 웹사이트들을 살펴 보세요. 그리고 이에 대한 여러분의 반응을 적어 보세요. 놀라웠던 점이나 그리 놀랍지 않았던 점은 무엇이었나요? 매우 흥미로웠던 점은 무엇이었나요?

3주차 대화 연습

친구나 대화상대와 함께 모여서 'PERMA'(긍정정서, 몰입, 의미, 긍정적 인간 관계와 성취)와 웰빙의 요소에 대한 생각을 나누어 봅시다. 특히 긍정성에 대한 생각을 이야기해보고 이에 대한 반응과 질문도 나누어 보세요.

3주차 읽을 거리

Fredrickson, B. (2009). Positivity: Groundbreaking Research Reveals How to Embrace the Hidden Strength of Positive Emotions, Overcome Negativity, and Thrive.New York: Crown.

Seligman, M. E. (2011). Flourish: a visionary new understanding of happiness and well-being. New York, NY: Free Press. Chap.1

Buettner, D. (2010). Thrive. Finding Happiness the Blue Zones Way. Washington, D.C.: National Geographic Society. Chap.1

Week 4
몰입: 자신의 특별한 기술과 강점 재발견

몰입: 자신의 특별한 기술과 강점 재발견

몰입이 있는 삶을 산다는 것은 나의 기술과 강점을 내 일과 가정과 인간관계에서 활용하여 내가 하는 일에 적극적으로 참여하고 있음을 의미합니다. 이번 주에는 여러분이 가진 특별한 기술은 무엇인지 언제 몰입의 상태에 이르는 지에 대해 살펴보도록 하겠습니다. 또 나의 강점을 재발견하고 이 강점들이 나의 정체성에 어떤 도움이 되는지도 알아보겠습니다.

몰입 경험

긍정심리학의 창시자 중 한 명인 클레몬트 대학의 미하이 칙센트미하이 교수는 40년 이상 사람들의 경험, 즉 사람들이 일상 속에서 무엇을 하고, 무엇을 생각하며 느끼는지에 대해서 연구해왔습니다. 또 행복, 창의성, 자의식의 발달에 관련된 연구도 진행했습니다. 미하이 칙센트미하이 교수의 연구에서 가장 중요한 공헌은 몰입 경험을 발견했다는 점입니다. 사람들은 온전한 집중이 필요하며, 난이도가 있으면서도 우리의 기술을 개발하거나 활용하는 활동을 할 때 몰입하게 됩니다. 몰입을 할 때 지금 하고 있는 일에 모든 집중력과 노력을 쏟습니다. 그 순간 우리의 감정 상태는 보통 중립 상태가 되지만 과정 후에는 기분이 좋아지고 자존감도 높아지면서 만족감을 느끼게 됩니다 (Wells, 1998). 칙센트미하이 박사는 몰입의 경험이 많을수록 장기적으로 더 행복하고 만족스러운 삶을 살게 된다는 사실을 알아냈습니다.

4.1 연습하기: 최근의 몰입 경험

최근 무언가를 하면서 아래와 같은 상태를 경험한 적이 있었는지 생각해보세요.

- 시간이 가는 줄 몰랐다.
- 그 일을 하는 데 완전히 빠져 있었다.
- 내가 그 일을 하고 있음을 스스로 인식하지 못했다.

위와 같이 몰입했던 경험 3가지를 적어 보세요.

1. _____

2. _____

3. _____

이제 각각의 활동을 할 때 활용했던 기술에 대해서 생각해 보세요. 몰입 경험 중에 썼던 기술을 최소한 한 가지 적어보세요. 예를 들어, 학생들을 가르치는 일에 몰입했다면 이때 활용된 기술은 뛰어난 말솜씨, 요약하고 정리하는 기술, 개념을 명확히 전달하는 기술이 쓰였겠지요. 춤 추는 데 몰입했다면 스윙 댄스 혹은 힙합 춤을 어떻게 추는지 알고 있거나, 리듬감 같은 기술이 필요했을 겁니다. (최근 경험이 떠오르지 않으면 과거의 경험을 떠올려도 괜찮습니다.)

위의 몰입 경험에 활용했던 기술을 적어보세요.

1. _____

2. _____

3. _____

　몰입 경험이 매력적인 이유 중 하나는 경험의 범위가 굉장히 다양할 수 있다는 점입니다. 사람들은 그림을 그리면서 몰입할 수도 있고 체스게임, 뜨개질, 요리, 달리기, 수영 등을 하면서도 소설을 쓰거나 수학 문제를 풀거나 차를 고치면서도, 가로세로 낱말 맞추기, 카드 게임을 하거나 현미경으로 세포를 관찰하거나 하늘의 별을 보면서도 몰입의 상태에 빠질 수 있습니다. 생각할 수 있는 거의 모든 활동들이 모두 몰입할 수 있는 일이 될 수 있습니다. 하지만 여러분을 몰입하게 하는 일이 다른 사람에게는 전혀 흥미롭지 않게 다가올 수 있고, 심지어 어떤 이들에게는 몰입이 불가능한 일이 될 수도 있습니다.

　칙센트미하이 박사는 몰입경험의 활동은 매우 다양할 수 있지만 몰입에 빠지는 과정은 거의 일관적이라고 말합니다. 전세계 수 천명의 사람들을 대상으로 한 연구 데이터에 따르면 몰입경험에 필요한 특정조건이 있다고 합니다.

몰입경험에 필요한 조건

- **명확한 목표:** 우선, 활동을 통해서 달성하고자 하는 것이 무엇인지 아는 것이 매우 중요합니다. 예를 들어, 농구를 하고 있다면 목표는 공을 링 안에 넣는 것이겠지요. 케이크를 만들고 있다면 완성되었을 때 어떤 모양과 맛을 원하는지 알고 있어야 합니다. 외과의사의 경우 어떤 수술을 할 것인지를 인지를 해야겠지요. 만약 나와 다른 두 사람이 탁자에 둘러 앉아 있고 카드 한 세트와 함께 "게임을 하세요"라는 지시만 받았다고 하면 몰입경험을 할 수 있을까요? 아마도 혼란스럽고 뭘 해야 할지 막막할 겁니다. "무슨 게임을 하라는 겁니까?"하고 물을 수 있습니다. 게임의 목적과 규칙을 이해할 때, 게임에 즐겁게 참여하게 될 것입니다.

- **피드백:** 즉각적인 반응을 통해 몰입 경험을 할 가능성이 높습니다. 예를 들어, 국을 끓이면서 간을 보았을 때 싱거웠다면 소금을 더 넣겠지요. 골프의 경우 공이 너무 멀리 갔는지 또는 홀 근처까지 갔는지를 바로 확인할 수 있어서 다음에 칠 때 힘을 조절할 수 있습니다. 항해사는 배가 한쪽으로 쏠려서 균형을 맞춰야 하는지 금방 알아챌 수 있습니다. 이렇게 피드백을 빠르게 받을 때 우리는 몰입의 상태를 유지할 수 있습니다.

- **난이도와 기술의 적당한 비율:** 활동을 하는 데 우리의 기술이 얼마나 필요한지와 얼마나 어려운 일인지의 관계는 아마도 몰입경험에 있어서 가장 중요한 조건입니다. 여러분이 보통 수준의 테니스 실력을 지녔다고 합시다. 5년 동안 매주 주말에 테니스를 쳤습니다. 여러분과 비슷한 실력을 가진 사람과 테니스를 치면 시간 가는 줄 모르고 즐겁게 게임을 합니다. 하지만 만약 프로 테니스 선수를 상대로 테니스를 치라고 하면 어떨까요? 또는 6살짜리 조카와 테니스를 쳐달라고 부탁을 받는다면 어떨까요? 칙센트미하이 박사는 우리가 하는 활동이 너무 쉬워서 도전의 여지가 별로 없을 경우 우리는 지루함을 느끼게 되고 반면 우리가 가진 기술의 수준에 비해 너무 어려운 활동이어서 무모한 도전으로 느껴질 경우 우리는 불안함을 느낀다고 합니다. 본인이 가진 기술 수준으로 도전해볼 만한 적절한 난이도의 활동을 할 때 몰입을 경험할 수 있습니다. 보통 중상위 기술을 가지고 중상 정도 난이도의 활동을 할 때 몰입할 수 있습니다.

- 깊이 집중하기: 이 또한 몰입경험의 핵심적 특징입니다. 우리가 온전히 현재 하는 일에 집중할 때 우리는 그 활동과 일체 됨을 느끼고 그 일을 하는 동안 우리 자신을 관찰하지 않으며 우리 자신의 성과를 판단하지도 않습니다. 후에 결과를 평가할 수는 있겠지만 하는 동안 이런 판단을 하지는 않습니다. 칙센트미하이 박사는 그리스어로 '황홀경(extasis)'는 '옆으로 물러서기'를 의미하는데 이것이 몰입경험과 비슷하다고 말합니다. 왜냐하면 몰입을 하면서 우리는 자아에서 한 발 물러서서 우리가 하는 일에 빠져 들기 때문이지요.

- 현재에 머물기: 이는 온전히 집중하는 것과 함께 가는 특징입니다. 몰입할 때 우리는 주의를 딴데 돌리거나 과거 혹은 미래에 대해 생각할 수 없고 온전히 현재 그 순간에 머물러야 합니다. 예를 들어, 연주자가 협주곡을 연주하면서 예전에 실수했던 경험을 떠올리거나, 다음곡은 어떻게 할까를 생각한다면, 그 연주가는 분명 음을 틀리게 치거나 오케스트라와 어긋나는 연주를 하게 될 것입니다.

- 왜곡된 시간감각: 몰입을 한 문장으로 표현하라고 하면 대부분 사람들은 왜곡된 시간감각을 경험하는 일이라고 대답할지 모릅니다. 몰입하게 되면 시간이 빨리 지나가는 것처럼 느껴집니다. 즐겁게 놀다 보면 시간이 훅 지나가는 것과 마찬가지이지요. 여러분이 뭔가를 하다가 시계를 봤는데 믿을 수 없을 정도로 시간이 많이 지나서 놀란 적이 있나요? 어떤 경우는 반대로 몰입하면 시간이 아주 느리게 가는 것처럼 느껴지기도 합니다. 하지만 시간이 느리게 가는 경우는 빨리 지나가는 경우보다 드물게 일어납니다.

- 노력 없이도 조절되는 듯한 느낌: 몰입하면 우리가 그 활동을 조절하는데 그리 노력하지 않아도 되는 듯한 느낌을 받습니다. 마치 그 활동 자체가 생명체가 되어 살아 움직이거나 매우 자연스럽게 조화를 이루는 듯한 느낌이지요. 무용수들은 수 개월 동안 리허설을 합니다. 그리고 드디어 무대에서 연기할 때는 발레 자체가 그들을 움직이는 것 같은 느낌을 받게 됩니다. 축구팀도 이와 비슷한 경험을 합니다. 같은 동작을 계속 반복하고 반복하면서 오랫동안 연습한 선수들은 마지막 게임 때 몰입을 경험하게 됩니다. 혹시 이런 말 들어보셨나요? '연습하고 연습하고 또 연습하라. 그 후에는 그냥 몸에 맡겨라.' 이 말 속에 몰입 경험의 중요한 요소가 함축되어 있다고

생각합니다. 필요한 기술을 개발하기 위해서는 계속 예행연습을 하고 반복적으로 연습해야 합니다. 그리고 실제 그 활동을 할 때는 상황에 맞는 나름의 방식으로 연습 때 했던 것처럼 해내면 됩니다.

칙센트미하이 박사는 기술과 난이도가 마음상태와 어떻게 상호 연관되는지를 보여주는 표를 제시하고 있습니다.

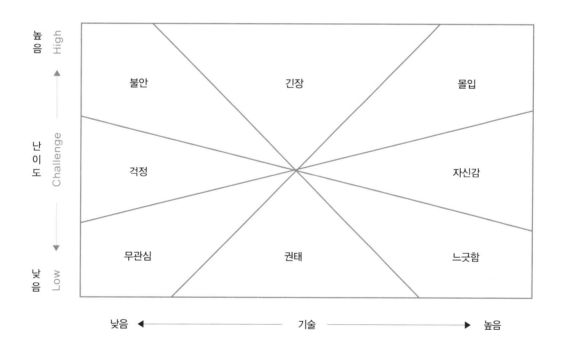

표 1 기술과 난이도 비율에 따른 경험의 종류 (Csikszentmihalyi, 2003)

이 체계가 어떻게 여러분의 삶에 적용되는지 살펴보기 위해서 다음의 연습 문제를 해보세요.

4.2 연습하기: 비최적과 최적의 경험

'최적의 경험'이라는 용어는 몰입의 유사 표현입니다. 최적의 경험은 곧 몰입 경험이지요. 비최적 경험은 위의 표 안에서 있을 수 있는 모든 경우로 예를 들면 지루하거나, 불안하거나 심드렁한 상태 등이 되겠습니다.

---

1. 비최적 경험

지난 몇 주간을 생각해보고 초조하거나 지루했던 시간들이 있었는지 돌아보고 이를 적어보세요.

1) 무엇을 하고 있었나요?

2) 어디에 있었나요?

3) 누구와 함께 있었나요?

4) 그 활동의 난이도가 어느 정도였나요?

| 1 | 2 | 3 | 4 | 5 | 6 | 7 | 8 | 9 | 10 |

매우 쉬움(1)　　　　　　　　　　　　　　　　　　　　매우 어려움(10)

5) 그 활동을 위해 내가 가진 기술(실력) 수준이 어느 정도였다고 느끼나요?

| 1 | 2 | 3 | 4 | 5 | 6 | 7 | 8 | 9 | 10 |

매우 쉬움(1)　　　　　　　　　　　　　　　　　　　　매우 어려움(10)

2. 최적의 경험

이제 지난 몇 간을 돌아보고 여러분이 시간 가는 줄 모르고 집중해서 몰입했던 시간들에 대해 적어 보세요.

1) 무엇을 하고 있었나요?

2) 어디에 있었나요?

3) 누구와 함께 있었나요?

5) 그 활동의 난이도가 어느 정도였나요?

| 1 | 2 | 3 | 4 | 5 | 6 | 7 | 8 | 9 | 10 |

매우 쉬움(1)　　　　　　　　　　　　　　　　　　　　　매우 어려움(10)

6) 그 활동을 위해 내가 가진 기술(실력) 수준이 어느 정도였다고 느끼나요?

| 1 | 2 | 3 | 4 | 5 | 6 | 7 | 8 | 9 | 10 |

매우 쉬움(1)　　　　　　　　　　　　　　　　　　　　　매우 어려움(10)

4.3 되돌아 보기

여러분이 몰입했던 시간과 그렇지 못했던 시간들을 살펴 보니 어떤 생각이 드나요?

몰입을 연구하는 학자들은 사람들이 자신이 어떤 활동에 몰입하는지 알고 삶 속에서 이 몰입의 기회를 의도적으로 만들어내는 것이 중요하다고 생각합니다.

흥미롭게도 몰입은 변함없는 고정된 과정이 아닌 변화하는 역동적 과정입니다. 어느 정도 수준의 기술을 가지고 있을 때는 한동안 몰입할 수 있던 일이 기술이 향상되면서 더 이상 어렵게 느껴지지 않을 수 있습니다. 예를 들어 피아노를 배운다고 할 때 처음에는 간단한 악보도 연주하기 어려워서 불안했을지 모릅니다. 일단 어떻게 치는지를 배우고 나면 매번 몰입하면서 몇 주간 피아노를 칠 수 있습니다. 하지만 어느 정도 시간이 지나서 피아노 실력이 늘게 되면 그 간단한 악보는 지루하게 느껴질지 모릅니다. 그러면 그보다 어려운 곡에 도전할 필요가 있지요. 이 곡도 처음엔 어렵겠지만 후에 곧 몰입하는 단계로 넘어갈 수 있습니다. 이와 같은 과정이 계속 이어지게 됩니다. 몰입을 경험하기 위해서 우리는 끊임없이 우리의 기술과 도전의 난이도를 조정할 필요가 있습니다.

칙센트미하이의 말처럼 우리는 계속해서 몰입의 상태에 머물러 있을 수는 없습니다. 우리 모두는 딱히 자극이 되지 않는 일 혹은 우리가 즐겁게 할 수 없는 일들도 해야 합니다. 종종 우리는 익숙하지 않거나 준비되지 않은 일을 맡게 되어 스트레스를 받습니다. 잠도 자야 하고 우리 자신 및 가정을 위해서 일상적으로 해야 할 일들이 있습니다. 그럼에도 불구하고 많은 사람들은 삶에서 몰입을 더 많이 활용하는 듯합니다. 갤럽의 조사에 따르면 약 유럽과 미국의 성인 5명 중 1명은 몰입의 경험이 전혀 없다고 답했고 또 다른 20%는 매일 경험하고 있다고 합니다. 60%-70%에 해당하는 다수의 사람들은 몇 달에 한 번에서 일주일에 한 번 정도까지 종종 몰입을 경험한다고 합니다. 만약 여러분이 이 조사에 참여했다면 얼마나 자주 몰입을 경험한다고 답하겠습니까? 칙센트미하이 박사는 자신에게 이렇게 물어보라고 말합니다. '내가 어떤 사람인지, 나의 관심사와 기술을 생각했을 때 나에게 가장 보람된 몰입 활동은 무엇일까?'

간혹 자신의 삶에서 몰입을 떠올리면서 약간의 향수에 젖는 사람들도 있습니다. 그리고 이런 말들을 하지요. "전에 기타 치는 걸 좋아했었는데 이젠 시간이 없네요." "언어를 진짜 잘 했었는데 일 때문에 언어 수업을 포기하게 되었어요." "그림 그리는 거 진짜 좋아했었는데 지금 하기에는 좀 유치할 것 같다고 생각했어요."

4.4 연습하기: 나의 몰입 역사

기억을 더듬어 과거에 내가 몰입했던 시간들을 기억해보세요. 어렸을 때, 청소년기, 청년기 때는 어떤 활동을 할 때 몰입을 했나요? 하고 있으면 시간 가는 줄 모르고, 하고 나면 기분이 좋아지는 일들에는 어떤 것들이 있었나요?

　　여러분이 과거에 몰입을 경험했던 일들을 시기별로 정리할 수 있도록 했습니다. 모든 시기를 다 채울 필요는 없습니다. 가장 기억에 남는 것들만 적으십시오.

인생 시기	내가 몰입했던 활동
어린이	
청소년	
청년	
성인	
중년	
장년	
노년	

4.5 되돌아 보기

이 연습 문제를 하면서 어떤 생각과 느낌이 들었나요?

저에게 상담을 받으러 왔던 에듀아도라는 친구의 이야기를 해드리고 싶습니다. 에듀아도가 상담을 받고 싶었던 이유는 삶의 활력을 잃었다는 생각이 들어서였습니다. 당시에 여러 가지 일이 있었습니다. 부모님은 나이가 들면서 건강이 안 좋은 상태였고 에듀아도 자신도 약간의 건강 문제가 있었습니다. 현재 하고 있는 일도 그리 만족스럽지 않았지요. 그는 조기 은퇴 후 파트타임으로 일할 수 있는 작은 사업을 시작했습니다. 누구 밑에서 일하지 않아도 된다는 사실은 좋았지만 매우 고립된 느낌과 지루함을 지울 수 없었습니다. 하는 일 자체가 간단하고 그 자체로도 운영이 가능한 일이었기 때문에 일이 그리 어렵게 느껴지지 않았습니다. 은퇴 전에 하던 일은 더 흥미로웠습니다. 동료들과 사이도 좋았고 함께 어울려 보내는 시간도 자주 있었습니다. 지루함을 호소하는 에듀아도에게 삶에서 만족을 주었던 경험들의 목록을 적어보라고 하였습니다.

다음 상담에서 목록에 첫 번째 쓰여 있던 경험이 너무나 매력적이어서 우리는 한 시간 내내 그 이야기만 했습니다. '나만의 동양 도시 세우기'라는 경험이었는데 어릴 적 그가 살았던 작은 마을에는 아버지가 일하던 타일 공장이 있었다고 합니다. 당시만 해도 장난감 살 형편이 못 되어서 그는 공장 주변의 작은 타일 조각을 모아서 무언가를 만드는 일을 좋아했다고 합니다. 10살 정도 되었을 때, 그는 책이나 영화에서 본 것처럼 탑과 절 그리고 현대식 빌딩이 있는 동양 도시를 세우기로 했다고 합니다. 방과 후 매일 에듀아도는 자기만의 도시를 짓는 데 몰두했습니다. "나는 짓고, 또 지었지요. 어머니께서 매일 밤 저녁을 먹으라고 나를 부르셨고 나는 오후가 벌써 지나 밤이 되었다는 사실을 믿을 수 없었습니다. 나의 도시 프로젝트를 할 때면 난 시간이 가는 줄도 몰랐답니다."

그의 도시는 정말 아름다웠고 점점 커지다 보니 결국 부모님이 거실의 가구를 치워서 그 도시가 더 커질 수 있게 해줄 정도였다고 합니다. 얼마 되지 않아, 마을의 다른 아이들도 에듀아도의 도시에 감탄하기 시작했고 부모님은 기꺼이 친구들의 방문을 허락해주었습니다.

에듀아도가 오후 내내 시간 가는 줄도 모르고 도시를 만들었다고 했을 때 저는 '몰입'을 떠올렸습니다. 혹시 몰입의 개념에 대해 아는지 물었을 때 그는 모른다고 했지만 더 알고 싶다고 말했습니다. 그래서 앞에 나온 표와 비슷한 표를 그려서 보여 주었지요. 에듀아도는 큰 관심을 보였습니다. 마침 제 사무실에 책《몰입의 즐거움》이 한 권 있어서 그에게 빌려 주었고 에듀아도는 이 책을 가지고 집으로 돌아갔습니다.

다음 주에 에듀아도는 그 책이 과거에는 몰입할 수 있었지만 현재는 그렇지 못한 많은 활동들이 있었음을 깨닫게 해주는 데 도움이 되었다고 말했습니다. 에듀아도는 가장 친한 친구와 오래된 자동차를 수리하던 기억을 해냈습니다. 재미있으면서도 어떻게 수리할지, 어떻게 칠하고 꾸밀지를 해결하기가 쉽지 않은 일이었습니다. 에듀아도는 자신이 만족을 느꼈던 21가지의 경험 목록을 보면서 패턴이 있음을 발견했습니다. 그가 행복을 느꼈던 많은 일들이 무언가를 만들고 발명하거나 수리하는 일과 연관되어 있다는 사실이었지요. 십대 때는 버려진 자전거를 모아 다시 탈 수 있게 만들곤 했고 대학생 때는 학생조직을 꾸렸습니다. 성인이 되어서는 자신과 가족들이 사는 집을 직접 다시 짓기도 했습니다. 그의 동양도시 프로젝트는 그의 만들기와 창의력에 대한 애정을 가장 확실히 보여주는 예라고 할 수 있습니다.

이를 바탕으로 우리는 에듀아도가 몰입경험을 더 할 수 있고 만들기를 다시 시작할 수 있는 방법에 대해서 이야기했습니다. 그는 자신이 하는 일을 좀 더 흥미롭게 하기 위해서 고객들에게 수리 서비스를 제공하고 그 서비스를 직접 해보기로 했습니다. 그리고 가족들과 다른 인간관계에 있어서 좀 더 적극적으로 다가가기로 했지요. 몇 번의 상담 후에 에듀아도는 삶의 활력을 되찾았다고 말했습니다(Tarragona, 2008).

예전의 몰입 경험을 생각하게 되면 많은 사람들은 어린 시절이나 젊은 시절에 자신들을 몰입할 수 있게 해준 활동이나 기술을 다시 되찾고 싶어합니다. 내러티브 훈련 전문가 데이비드 엡스톤은 우리가 어린이 또는 청소년이었을 때 가졌던 특별한 기술을 탐색할 수 있는 인터뷰를 개발했습니다. 다음은 인터뷰을 약간 각색한 것입니다. 가능하면 친구와 서로 번갈아 가며 인터뷰를 해보세요. 혼자 하고 싶다면 다음의 질문들을 스스로에게 묻고 답을 적어보세요.

4.6 연습하기: 어린이 혹은 십대 청소년일 때 가지고 있던 나의 특별한 기술에 대한 인터뷰

    (Epston, D. 1997)

1. 10살, 13살, 17살 정도 일 때 내가 가진 특별한 기술들은 무엇이었나요? (한 나이만 선택하세요.)

2. 이 기술들을 통해 어떤 기쁨과 만족을 느낄 수 있었나요?

3. 아는 어른(어머니, 아버지, 삼촌, 고모, 이모, 할머니, 할아버지, 선생님 등) 중에 이 기술들을 진심으로 인정해준 사람이 있나요?

4. 그 어른이 나의 기술을 인정하고 있음을 어떻게 알려주었나요?

5. 만약 여러분이 그 _____살의 어린 당신에게 지금 모습으로 나타날 수 있다면 당신의 그 기술들을 인정한다는 사실을 보여주기 위해 무슨 말을 해주거나 무엇을 해주고 싶습니까?

6. 그 이후 계속해서 그 기술들을 키워가거나 개발했나요? 그랬다면 어떻게 했나요? 이렇게 오래도록 키워온 기술이 여러분의 정체성에 영향을 미쳤나요?

7. 인생을 살면서 이 기술들 중 일부를 쓰지 못 할 상황이나 포기해야 하는 상황에 처한 적이 있나요? 만약 있다면 어떻게 그런 상황이 일어났나요? 이 기술이 여러분 삶에 없는 상황이 여러분에게 영향을 미쳤나요?

8. 성인으로서 이런 기술들을 다시 사용해보는 걸 생각해본 적 있나요? 그렇다면 어떻게 시작하면 좋을까요? 왜 이것이 나에게 중요할까요?

4.7 되돌아 보기

이 인터뷰를 하면서 어떤 생각과 느낌이 들었나요?

몰입은 갑자기 뜬금없이 할 수 있는 경험이 아닙니다. 대부분 우리는 몰입경험을 개발해야 합니다. 어떤 일이 우리를 몰입하게 할지 장담할 수 없지만 우리는 몰입이 가능할 만한 조건을 조성할 수는 있습니다. 더 많은 몰입을 경험하기 위해 우리가 할 수 있는 일들을 몇 가지 소개하려고 합니다.

몰입을 위해 할 수 있는 일(Csikszentmihalyi, 1997)

• 주의를 집중시키고 통제하는 법 익히기

　　우리가 하는 모든 일에, 비록 일상적인 활동이더라도 최대한 집중합니다.

• 몇 주간 하루 동안 한 일 모두 적어보기

　　우리가 하루 동안 그리고 하루를 마치면서 무엇을 느끼는 지 알아보는 유용한 방법입니다. 이를 통해 특정 활동, 장소 및 사람들과 우리의 마음 상태의 관계 패턴을 확인할 수 있습니다.

• 여가시간 진지하게 생각하기

　　칙센트미하이 박사는 더 몰입할 수 있는 길 중 하나는 우리가 일하는 시간만큼 쉬는 시간도 신중하게 잘 계획하고 구성하는 것이라고 말합니다. 상식적으로 이해가 잘 안가는 이야기일 수도 있습니다. '난 그냥 짧은 자유 시간 동안 아무 것도 안 하고 그냥 쉬는 게 좋은데'라고 생각할 수도 있지요. 쉼은 정말 중요합니다. 반드시 쉬는 시간이 있어야 하지요. 많은 사람들은 TV를 보면서 쉴 수도 있습니다. 하지만 칙센트미하이 박사는 사람들이 자신에게 만족감을 주는 활동을 하면서 더 즐거움을 얻는다는 사실을 알아냈습니다. 그 만족감을 주는 활동은 어느 정도 기술을 요하며 적당히 어려우면서도 의미 있는 일들을 말합니다. 칙센트미하이 박사는 스키 타기, 좋은 책 읽기 또는 내면에 자극이 되는 대화처럼 복잡한 몰입 활동을 한 후와 TV를 본 후의 느낌이 어떻게 다른지 관찰해 보라고 권합니다.

• 일에 몰입하기

　　자신이 하는 일을 진정 즐길 수 있는 사람은 행운아라고 할 수 있지요. 하지만 그런 행운을 가진 사람이 아니더라도 몰입영역 근처로 가까이 가기 위해 실력과 난이도를 가지고 실험해볼 수 있습니다. 지금 일이 지루하다면 좀 더 난이도를 높여 보고 지금 하는 일을 할 때 어렵고 불안하다면 실력을 더 높여볼 수 있습니다.

• 인간관계에서 몰입 찾기

　　다른 사람과의 관계는 우리 삶에서 매우 중요한 몰입의 근원입니다. 칙센트미하이는 두 사람이 만나면 그 둘은 서로에게 주의를 기울이고, 공통의 목적이 있을 수도 있고 서로의 반응을 즐겁게 받아들일 수 있다고 말합니다. 누군가와 몇 시간 동안 이야기를 나누었던 기억이 있나요? 칙센트미하이는 대화로 인한 몰입은 인생 최고의 경험 중 하나라고 말합니다. 저도 그렇게 생각합니다. 만나는 각각의 사람들로부터 무언가를 배우려고 하고 어떤 사람인지 알아보려고 노력해보세요. 대화는 저절로 물 흐르듯이 흘러가게 될 것입니다.

　　몰입이 우리 삶을 행복하게 한다는 사실을 확인하긴 했지만 우리의 정체성 혹은 우리가 선호하는 정체성과는 무슨 관련이 있을까요? 칙센트미하이는 모든 몰입 경험이 우리 자신을 성장시킨다고 말합니다. 몰입 경험으로 우리는 개성을 개발하여 우리의 경험을 구성하고 우선순위를 정하며 복잡한 심리도 발달시킬 수 있게 됩니다. 이 의식의 복잡함은 자신의 고유한 잠재력을 알고 제어하는 것과 관련 있고 또한 목적과 욕구 간의 조화, 감각과 경험 간의 조화, 자신과 타인과의 조화를 이끌어내는 능력과 연결되어 있습니다.

　　이렇게 생각해보세요. 나의 기술과 목적, 욕구에 대해서 아는 것이 나의 정체성에 도움이 되는 것일까요? 여러분의 최근 몰입경험이 여러분의 정체성에 도움이 될 수 있다는 사실을 어떻게 생각하시나요?

성격 강점

몰입하는 삶의 중요한 다른 단면은 우리의 강점을 알고 활용하는 것입니다. 사실 우리의 성격 강점들은 웰빙의 모든 면과 연결되어 있습니다(Seligman M. E., 2011). 이는 나 자신의 최고의 모습을 우리의 활동과 관계로 끌어오는 일이라고 생각합니다. 최근 몇 년간 경영, 치료, 코칭, 교육 및 다른 분야에서 강점기반 접근법이 놀라운 성장을 보였습니다. 긍정심리학이 이 분야에 중요한 공헌을 했지요. 왜냐하면 인간의 강점에 대해 알아가는 과학적 접근법을 긍정심리학에서 제시했기 때문입니다.

　　마틴 셀리그만, 크리스토퍼 피터슨 그리고 다른 연구자들은 아래와 같은 개인 특징 목록을 정리했습니다(Peterson & Seligman, 2004, Seligman M. E., 2005).

- 전 세계 대부분의 문화권에서 존중받는 특징
- 목표를 위한 수단으로서만이 아닌 스스로가 가치 있다고 생각하는 특징
- 개발할 수 있고, 키워갈 수 있는 특징

　　이 강점들은 재능과는 다릅니다. 재능은 타고난 경향이 있으며 종종 완벽한 발표 능력 또는 매우 빠른 달리기 실력처럼 인지, 신체 기술과 관련이 있습니다. 반면, 성격 강점은 개인의 도덕적 자질과 관련되어 있고 우리의 의지에 달려있습니다. 예를 들어 우리는 좀 더 절제력 있는 사람 또는 정의로운 사람이 되겠다고 결심할 수 있고 이러한 성격 강점을 개발하기 위해 노력할 수 있습니다. 하지만 운동을 하기 좋은 신체조건이나 정확한 기억력을 원한다고 가질 수 있는 건 아닙니다.

　　연구자들은 보편적으로 인정받고 존중받는 24개의 성격 강점을 찾았습니다. 이 강점들은 문헌에도 나와있고 역사적으로 많은 문화에서 전통적으로 인정받은 성격 특징들입니다. 이 강점들은 6개의 포괄적인 카테고리 혹은 덕목으로 나눌 수 있습니다(Seligman M. E., 2002, Peterson & Seligman, 2004, Dahlsgaard, Peterson, & Seligman, 2005).

24개의 성격 강점과 핵심 덕목
(마틴 셀리그만 & 크리스토퍼 피터슨, 2004)

• 지혜와 지식: 지식을 획득하고 활용하는 것과 관련된 인지적 강점

    1. 창의성: 새로운 방식을 생각해내는 능력

    2. 호기심: 일어나고 있는 현상과 경험에 관심을 갖는 마음

    3. 개방성: 다양한 측면에서 생각하고 반론을 검토하는 능력

    4. 학구열: 새로운 기술, 주제, 지식을 배우고 숙달하는 능력

    5. 통찰: 타인에게 현명한 조언을 하는 능력

• 용기: 반대에도 불구하고 목표를 성취하려는 의지와 관련된 정서적 강점

    1. 용감함: 위험, 도전, 어려움, 고통으로부터 물러서지 않는 힘

    2. 인내: 시작한 일을 끝내는 능력

    3. 정직함: 자신을 진정성 있게 드러내는 능력

    4. 활력: 열정과 에너지를 가지고 삶에 임하는 태도

• 인간애: 다른 사람들을 보살피고 친밀해지는 것과 관련된 대인관계적 강점

    1. 사랑: 다른 사람과의 친밀한 관계를 소중히 여기는 마음

    2. 친절: 다른 사람의 부탁을 들어주고 선의를 베푸는 행동

    3. 사회지능: 자신과 다른 사람의 동기와 감정을 파악하는 능력

• 정의: 건강한 공동체 생활을 하는 것과 관련된 시민사회적 강점

    1. 시민의식: 팀이나 그룹의 일원으로 협력하는 태도

    2. 공정함: 모든 사람을 동등하게 대하는 태도

    3. 리더십: 집단의 목표를 달성하도록 구성원들을 격려하는 능력

• 절제: 지나치거나 치우치지 않게 조절하는 능력에 관한 강점

    1. 용서와 자비: 잘못한 사람을 너그럽게 감싸는 마음

    2. 겸손: 주목 받으려 하지 않고 자신의 성취를 스스로 드러내지 않는 태도

    3. 신중함: 선택을 조심스럽게 하는 능력

    4. 자기조절: 자신의 감정과 행동을 조절하는 능력

• 초월성: 더 큰 우주와 연결성을 추구하고 의미를 부여하는 능력

    1. 심미안: 아름다움과 뛰어남을 인식하고 가치를 부여하는 능력

    2. 감사: 좋은 일을 알아차리고 이에 감사하는 태도

    3. 희망: 최고의 상황을 기대하고 성취하기 위해 노력하는 태도

    4. 유머: 웃는 것을 좋아하고 다른 사람들을 유쾌하게 만드는 능력

    5. 영성: 인생의 궁극적 목적과 의미에 대한 일관성 있는 신념

미시간대 심리학과 故크리스토퍼 피터슨 교수와 박난숙 교수는 이 성격 강점들이 미국 사람들 사이에서 구분되는 방식으로 분포되어 있음을 발견했습니다. 특히 나이, 성별, 정치적 성향과 상관관계가 있음을 알아냈습니다. 예를 들어 나이 든 사람들은 종교적 성향이 강했고, 젊은 사람들은 유머감각이 더 좋았습니다. 박난숙 교수와 피터슨 교수는 아이들에게서 가장 많이 나타나는 강점은 사랑, 호기심 그리고 유머 감각인 반면 겸손함은 떨어지고 예상대로 사물을 제대로 된 관점에서 바라보거나 용서하는 능력은 떨어진다는 사실을 알게 되었습니다. 지금도 다양한 나라와 문화의 성격 강점에 관한 연구들은 계속해서 진행되고 있습니다(Park, Peterson & Seligman, 2006; Park, Peterson & Ruch, 2009).

또한 피터슨과 박난숙 교수는 가족 내에서의 성격 관점도 연구하였습니다. 가장 두드러진 특징은 정의, 용서, 정직, 팀웍 그리고 사회적 지능이었습니다(Peterson, 2008). 또 일부 강점들은 특히나 직장에서의 만족도와 삶에 대한 전반적인 만족도와 높은 상관관계를 보였는데, 이는 호기심, 활력, 감사, 희망 그리고 사랑하는 능력이었습니다.

1장에서 우리는 '주요 이야기'를 다루었습니다. 우리가 어떻게 생각하고 무엇을 하는지에 대해 강력하게 영향을 미치는 이야기 방식과 사고 방식에 대해 언급했습니다. '주요 이야기'는 개인 차원에만 존재하는 것이 아니라 더 넓게는 한 문화 안에서, 사회 안에서도 존재합니다. 현대 서구 사회에서 매우 강력한 주요 이야기 중에 하나는 병리학과 관련된 것입니다. 인간의 경험을 비정상적이거나 병의 관점에서 바라보려고 합니다.

피터슨과 셀리그만은 심리학이 과거부터 강조해왔던 지나친 병리학적 관점을 거스르고자 했고,《성격 강점과 덕목의 분류(Character Strengths and Virtues: A Handbook and Classification)》라는 책을 썼습니다. 이는 DSM이라 불리는 정신 질환 편람(정신질환의 정상과 비정상 범위를 가르는 매뉴얼)과는 반대되는 인간 강점과 덕목에 대한 매뉴얼이라고 할 수 있습니다. 또한, 크리스토퍼 피터슨은 'VIA성격 강점 진단'이라는 질문지를 개발하였으며, 전세계 백만 명 이상의 사람들이 이 질문지에 답을 했습니다. 웹사이트 VIA Institute on Character에서 무료로 이용 가능합니다. (http://www.viacharacter.org)

강점에 대해서 다른 방식으로 접근하고 측정하는 진단들도 있습니다. 일부는 유료이기도 합니다. 예를 들면, 영국의 응용긍정심리센터(CAPP)에 의해 개발된 Realise2라는 진단도 웹사이트에 가면 이용할 수 있습니다(http://www.cappeu.com). 갤럽에서 제공하는 스트렝스 파인더(StrengthsFinder 2)도 이용 가능합니다(http://www.strengthsfinder.com).

성격 강점 목록을 보면서 여러분 자신의 강점에 대해서 생각해 보셨나요? 여러분의 성격 강점에 대해서 얼마나 잘 알고 있나요? 자신의 강점이 무엇인지 궁금한가요?

4.8 연습하기: 나의 성격 강점

---

1. VIA 성격 강점 진단을 직접 해보세요. 소요 시간은 45분 정도입니다.

   VIA 성격 강점 진단 웹사이트: http://www.viacharacter.org

2. 테스트 결과로 나온 상위 5가지 강점을 적어 보세요.

   1)

   2)

   3)

   4)

   5)

셀리그만과 피터슨은 사람들이 인정해주며, 스스로 연습하고 칭찬하는 강점들을 가리키는 말로 '대표 강점'이라는 용어를 사용하였습니다. 대표 강점의 특징은 진정한 나를 보여준다는 의미에서 진정성이 있고 강점을 보여 줄 때 신이 난다는 점입니다. 또한, 강점을 실행함에 따라 빠른 학습 곡선이 나타나고, 다른 방식으로 강점을 활용하고 싶어집니다. 그리고 강점을 활용할 때 기쁨과 열정을 느끼게 됩니다(Peterson & Seligman, 2004,Seligman M. E., 2011).

4.9 되돌아 보기

1. 성격 강점 진단에 답할 때 어땠나요?

2. 진단 결과에 대해서 어떻게 생각하나요?

3. 그 결과가 나의 대표 강점이라는 생각이 드나요?

4. 그 결과는 여러분이 예상했던 것과 같은가요?

5. 예상과 같다면 왜 그렇다고 생각하나요?

6. 예상과 다르다면 어떤 강점이 상위에 있을 것이라고 생각했나요?

7. 특별히 흥미롭거나 놀라운 결과가 있었나요?

임상가들이나 학자들은 자신의 강점을 알고 활용하는 것이 중요하다는 사실에 동의했습니다. 그리고 연구자들은 '긍정 개입'이라는 활동을 고안했습니다. 이는 개인의 행복을 증진시키기 위한 명확한 목표와 함께 실험을 통해 그 결과가 효과적이었던 활동들입니다. 그리고 많은 긍정 개입 중에 가장 효과적이라고 입증된 방법이 바로 강점을 활용하는 방식입니다. 하나의 강점을 정해서 한 주 동안 의도적으로 다른 방식으로 이 강점을 활용해보는 것입니다. 이를 통해 사람들의 긍정정서가 높아지고, 삶에 대한 만족도가 향상되는 결과가 나왔는데 이 효과가 수개월 동안 지속되었습니다. 통제집단을 이용한 연구를 통해서 나온 결과로, 심지어 우울증이 있는 사람들에게도 효과가 나타난 것으로 밝혀졌습니다(Seligman, Steen, Park & Peterson, 2005, Seligman M. E., 2011).

그렇다면, 강점을 다양하게 활용하기 위해서는 어떻게 하는 것이 좋을까요? 각자가 계획하는 방식이 가장 좋겠지만 도움이 될 만한 방법을 몇 가지 알려드리겠습니다. 예를 들어 여러분의 대표 강점이 '심미안'이고 이를 주로 집의 인테리어를 할 때 활용하는 경향이 있다고 가정하겠습니다. 심미안이라는 강점을 다르게 활용한다면, 공원에서 자연이 주는 아름다움을 관찰해볼 수도 있고, 친구가 옷을 살 때 도움을 줄 수도 있습니다. 만약 여러분의 강점이 유머감각이라 주로 이 강점을 주말에 친구들과 있을 때 활용하는 경우에는 이 강점을 직장이나 새로운 사람과의 만남에서 활용해서 친밀한 관계를 만들 수도 있습니다. 여러분도 이번 주에 강점을 조금 다르게 활용해보고 싶지 않나요? 어떤 강점을 어떻게 활용할지 아이디어가 떠오르나요?

　　사실, 내러티브 또는 구성주의 임상전문가들은 가끔 강점이라는 용어를 쓰는 것을 조심스러워 합니다. 왜냐하면 강점이 한 개인의 내면에 내재되어 있거나 또는 그렇지 못한 것으로 받아들여질 수도 있기 때문입니다. 내러티브 또는 구성주의 관점에서는 우리의 모든 경험이 상호 작용하는 개념이고, 우리는 지속적으로 정체성을 창조하는 주체라고 보고 있습니다. 저 또한 우리가 강점을 상호작용하는 방식으로 생각하고 강점을 구성해나가는 능동적인 주체라고 보아야 한다고 생각합니다.

　　이번 장의 마지막 연습 문제에서는 여러분의 강점을 탐색해보고 이 강점들이 여러분의 정체성과 인간관계에서 하고 있는 역할을 짚어 보는 시간을 가지도록 하겠습니다.

4.10 연습하기: 나의 강점에 대한 인터뷰

(Freedman, Combs & M. White)

---

1. 여러분의 대표 강점 3가지를 적으세요.

   _____   _____   _____

2. 3가지 강점 중에서 요즘 내 일상에서 가장 명확히 드러나는 강점은 무엇인가요?

3. 다른 사람들도 여러분의 강점을 알고 있다고 생각하나요? 누군가 그 강점에 대해서 언급한 적이 있나요? 언급했다면, 누가 뭐라고 말했나요? 만약 누구도 눈치 채지 못했다면 이 강점이 나의 삶에 중요한 강점이라는 사실을 알기 위해 사람들은 나에 대해 무엇을 알아야 할까요?

4. 이 강점이 나의 삶에 중요하다는 사실을 언제 깨닫기 시작했나요? 특별한 계기가 있었나요?

5. 이 강점이 효과를 발휘했던 일화나 이야기가 있다면 알려주세요.

6. 이 강점이 나의 삶에 어떤 영향을 미쳤나요?

7. 이 강점을 어떻게 키우고 활용하게 되었나요?

8. 나의 인간관계 중 이 강점이 가장 명확히 드러나는 경우는 누구와의 관계에서인가요? 이 강점이 발현될 수 있게 도움을 주는 사람은 누구인가요? 어떻게 도움을 주나요?

9. 이 강점을 계속 개발시키고 활용할 계획이라면 앞으로 나의 인생에 이 강점이 어떤 영향을 줄 거라고 생각하나요?

4.11 되돌아 보기

이 연습 문제를 하면서 어떤 느낌과 생각이 들었나요?

마틴 셀리그만은 이렇게 말했습니다. "저는 자신의 약점을 수정하기 위해서 지나치게 노력해야 한다고 생각하지 않습니다. 그보다는 우리의 대표 강점을 만들어가고 활용하는 것에서 최고의 성공과 만족감을 얻을 수 있다고 생각합니다." 여러분은 어떻게 생각하나요? 동의하시나요?

4주차 대화 연습

친구나 대화상대와 함께 모여서 각자의 대표 강점에 대해 이야기를 나누어 봅시다. 강점 중에 한 가지를 선택해 다음 주에 어떻게 다르게 활용할지를 생각해보세요. 서로 브레인스토밍을 통해 어떻게 하면 좋을지 아이디어를 나누어 보세요.

4주차 읽을 거리

Csikszentmihalyi, M. (1997). Finding flow: the psychology of engagement with everyday life. . New York: Basic Books.

Nakamura J. & Csikszentmihalyi ,M. (2005) The Concept of Flow. In Snyder, C.R. & Lopez, S.J.1. Handbook of Positive Psychology, New York: Oxford University Press, pp. 89-105.

Csikszentmihalyi, M. (1990). Flow. The psychology of optimal experience . New York. Harper & Row.

Tarragona, M. (2008). Postmodern and Post-structuralist Therapies. In J. Lebow, Twenty-first Century Psychotherapies (pp. 167-205). Hoboken, NJ: Wiley. Read the case study for a more detailed account of how flow was a central aspect of a therapeutic process.

Sin, Nancy L. & Lyubomirsky, S. (2009) Enhancing Well Being and Alleviating Depressive Symptoms with Positive Psychology Interventions. Journal of Clinical Psychology: In Session. Vol. 65(5) 467-487

Week 5

인간관계, 웰빙
그리고 정체성

Week 5
인간관계, 웰빙 그리고 정체성

이번 주에는 웰빙에 있어서 인간관계가 갖는 중요성을 조사한 연구 결과들을 살펴보겠습니다. 그리고 나서 여러분의 인간관계가 정체성에 어떻게 도움을 주는지 살펴보고 자신이 바라는 정체성과 잘 맞는 인간관계를 키우고 개발하기 위한 방법을 생각해보도록 하겠습니다.

다른 사람도 중요합니다

이 분야에서 가장 중요한 연구자 중 한 명인 크리스토퍼 피터슨 박사는 긍정심리학을 한 문장으로 요약할 수 있다고 말합니다. 바로 '다른 사람도 중요합니다(Other People Matter)'라는 문장입니다. 개인적으로 참 마음에 드는 이 정의는 관계 면에서 본 정체성 개념과도 잘 맞는다고 생각합니다. 피터슨은 웰빙과 가장 일관성 있게 상호연관된 변수가 우리가 맺고 있는 인간관계의 질이라고 말합니다. 마틴 셀리그만은 긍정적인 인간관계가 웰빙과 인간 번영의 핵심 요소 중 하나라고 말합니다.

전에 계속 언급되었던 미하이 칙센트미하이 박사는 사람들의 일상적인 활동, 생각, 느낌을 알 수 있는 창의적인 방법을 고안해 냈습니다. 경험표본방식이라고 불리는 이 방식은 연구에 참가한 사람들에게 핸드폰을 지급하고 일주일 동안 하루에 8번씩 전화를 받도록 했습니다. 전화가 오면 참가자들은 간단한 조사를 실시했습니다. 현재 내가 어디에 있고 누구와 있으며 어떤 기분인지 무슨 활동을 하고 있는지 등에 대해서 답하는 것이었습니다. 이러한 방식으로 연구자들은 참가자들의 경험을 '스냅샷'으로 얻을 수 있게 됩니다. 수년 간, 여러 나라에서 경험표본 연구가 반복적으로 보여준 결과는 사람들이 혼자 있을 때 슬퍼하는 경향이 있으며 다른 이들과 함께할 때 다시 회복한다는 사실입니다(Csikszentmihalyi, 1997, Diener & Biswas-Diener, 2008). 심지어 칙센트미하이의 연구에 따르면 만성 우울증 혹은 섭식 장애가 있는 사람들도 다른 사람들과 함께 하거나 무언가에 집중해 있으면 건강한 사람들과 비슷한 기분을 느낀다는 결과를 얻었습니다(1997).

4주차에 몰입에 대해서 이야기 했던 것 기억하시나요? 칙센트미하이는 다른 사람이 있을 때 우리는 주의력을 집중하게 되고, 피상적인 관계에서조차 예의를 차린다거나, 관계를 맺거나 유지하고자 대화 주제를 찾는 등 목표를 만들어내며 피드백을 받게 된다는 사실을 알 수 있다고 했습니다. 칙센트미하이 박사는 사람들이 친구와 함께 있을 때 기분이 가장 좋다는 사실을 알았습니다. 이는 젊은이들에게만 해당되는 것이 아니라 80대 은퇴자들에게도 해당되는 이야기입니다. 우정은 평생 동안 우리의 삶의 질에 큰 부분을 차지합니다. 일반적으로 가족들과 있을 때는 사람들의 기분은 괜찮은 편입니다. 친구들과 있을 때만큼 좋지는 않지만 그런 대로 좋은 편이지요 (Csikszentmihalyi, 1997).

이는 피터슨이 말한 사람이 중요하다는 말을 보여 주는 몇 가지 예에 불과합니다. 에드워드 디너와 로버트 비스워스 디너가 인간관계가 중요한 이유를 다음과 같이 요약했습니다(2008). 인간관계를 통해 우리는 사랑하고 사랑받으며 도움과 지지를 줄 수 있고, 생각을 형성할 수 있도록 우리의 마음을 자극시키고 움직이게 하며 나아가 소속감과 함께 즐겁게 지낼 수 있습니다.

사랑과 인간관계

바바라 프레드릭슨 박사는 긍정정서와 삶에서 긍정정서가 주는 영향을 전문적으로 연구했습니다. 기쁨, 감사, 평온, 호기심, 희망, 자부심, 재미, 감화, 경외, 사랑이라는 10가지 긍정정서를 발견했지요. 이 모든 긍정정서는 사람들의 웰빙에 중요하지만 특히 '사랑'이라는 정서는 모든 긍정정서를 모두 아우르고 있습니다. 프레드릭슨의 연구에 따르면 사랑은 사람들이 가장 자주 경험하는 긍정정서라고 말합니다(Fredrickson, 2009). 사랑은 신경계의 화학반응을 변화시킵니다. 예를 들어 우리가 사회적 관계를 맺을 때 특히 신체적 접촉을 할 때 우리는 옥시토신이라는 호르몬을 만들어내고 이는 끈끈한 유대감을 만들어냅니다. 사람들은 이를 '포옹 호르몬'이라고 부르는데 여성들이 출산과 모유수유를 하는 동안 많이 만들어지는 호르몬이라서 그렇습니다. 흥미로운 점은 아내가 임신을 하면 아빠들의 옥시토신 양이 올라가고 아기와 함께하는 시간에는 더 증가한다고 합니다. 또 옥시토신은 도파민이라는 신경전달물질과 관련되어 있는데 도파민은 쾌락을 조절하는 데 중요한 역할을 합니다. 뇌 이미지 과정에 관한 연구에서 사랑에 빠졌다고 말하는 사람들은 다른 친구나 가족 같은 사람들의 사진을 볼 때와 사랑하는 이의 사진을 볼 때 다른 패턴의 뇌 활동 양상을 보였다고 합니다(Bartels & Zeki, 2000).

뇌화학적 관점에서 사랑은 순전히 생물학적 현상임을 뜻하는 것은 아니지만, 우리는 기질적으로 서로를 사랑하고 인간관계를 맺으며 살아갈 수밖에 없는 존재라는 사실을 보여 줍니다. 1958년 심리학자 해리 할로우에 의해서 시행된 유명한 '원숭이 실험'에서 이러한 사실을 확인시켜줍니다. 할로우 박사는 아기들이 단순히 먹이를 구할 목적으로 엄마와의 관계를 만들어 가는 것은 아닌지 알고 싶었습니다. 아기 원숭이들을 어미 원숭이들과 분리되어 2개의 마네킹과 함께 우리에 들어가게 되었습니다. 하나의 마네킹은 철사로 만들어진 딱딱한 것이지만 우유가 나오는 마네킹이었고 다른 하나는 우유는 나오지 않았지만 천으로 만들어진 부드러운 마네킹이었습니다. 놀랍게도 아기 원숭이들은 우유가 나오는 마네킹보다 천으로 만들어져 부드러운 마네킹과 더 시간을 많이 보냈습니다. 할로우 박사는 발달에는 '따뜻한 접촉'이 음식만큼이나 중요하다고 결론지었습니다. 이 연구를 계기로 후에 애착에 대한 연구 분야가 열렸고 이 분야는 최근 몇 년 사이 엄청난 성장을 하게 되었습니다.

조지 베일런트 박사는 '하버드 성인발달 연구'라 불리는 성인발달에 관한 최장기 연구를 진행했습니다. 이 연구에서 남녀 성인 집단을 70년 이상 추적조사했습니다. 노후에 웰빙을 예측할 수 있는 수십 가지 요인들을 신중하게 살펴본 후 베일런트 박사는 의심할 여지 없이 다른 사람과의 관계가 다른 어떤 것보다 더 중요하다는 사실을 확인하였습니다. 예를 들어, 조사에 참여한 사람 중에 따뜻하고 탄탄한 인간관계를 맺고 있는 사람이 일에서도 성공할 확률이 높고, 더 높은 임금과 건강을 누릴 확률이 높았습니다. 그래서 베일런트 박사가 "결론! 행복은 사랑입니다"라고 말했던 것이지요(Vaillant, 2009).

'사랑'은 커플끼리의 감정에만 국한된 것이 아니라 삶의 많은 영역 속에서 맺는 관계인 가족, 친구, 직장 동료와도 나눌 수 있는 감정입니다. 직장에서의 인간관계가 중요함을 말해주는 연구도 있습니다. 웰빙에 대한 갤럽 조사에 따르면 직장 내 친한 동료가 있는 사람들은 자신이 하는 일에 더 적극적으로 임했고 일의 결과물도 좋았으며 직장에서의 문제를 일으키는 일도 적었습니다 (Rath & Harter, 2010). 갤럽 연구원 톰 래스는 다른 사람과 하루에 6시간을 함께 보내면서 가족, 친구, 이웃, 동료들과 관계를 돈독히 하고 사람들과 산책이나 운동 등 신체 활동을 함께할 것을 권하고 있습니다.

인간관계 망의 중요성

저와 함께 일하는 브라질 출신의 두 동료, 마릴렌 그란데소와 마르시아 볼포니는 많은 사람들을 대상으로 지역사회 치료를 진행하고 있습니다. 이 작업의 주요 목표 중에 하나는 사람들이 자신들의 사회관계망을 넓히고 돈독히 하며 공동체 의식을 가짐으로써 자신들의 어려움이나 문제를 해결하게 하자는 것이었습니다. 그때 사회관계망의 중요성을 설명하면서 마르시아가 말해주었던 브라질 속담이 아직도 기억에 남습니다. '거미를 죽이고 싶다면, 거미줄을 없애라.'

거미줄이 없으면 거미는 살아남을 수 없습니다. 사람도 마찬가지입니다. 오늘날 우리는 인간관계가 심리적으로나 신체적으로 웰빙에 기본이 된다는 사실을 알고 있습니다. 브리그햄 영 대학의 연구자들은 30년 동안 300,000명의 사람들이 참여했던 148개의 연구 결과를 분석하였습니다(Holt-Lunstad, Byron Smith, & Layton, 2010). 이 연구에서는 도덕성과 가장 상관관계가 높은 변수가 무엇인지를 알아보고자 했습니다. 결과는 놀라웠습니다. 모든 연령대의 남녀 모두에게서 사회적 지지가 장수와 가장 상관관계가 높은 요소로 조사되었습니다. 친구, 가족, 그리고 지역사회와 좋은 관계를 맺은 사람들은 연구가 진행되는 동안 사망할 확률이 50% 정도 낮았습니다. 사회적 관계망이 없다는 사실은 흡연이나 비만에 견줄 만한 위험요소를 가지고 있다는 뜻입니다(House, Landis, & Umberson, 1988). 많은 연구들에서 사회적 관계가 신체적 건강, 특히 심혈관계, 호르몬, 면역체계의 건강에 큰 영향을 준다는 일관된 결론을 내놓고 있습니다. 사회적 관계망이 빈약한 사람들은 탄탄한 관계망을 가진 사람들에 비해 심장병으로 사망할 확률이 2배나 높으며 감기에 걸릴 확률도 2배나 높습니다(Uchino, Cacioppo, & Kiecolt-Glaser, 1996).

　　다른 사람과의 관계가 나의 몸에 영향을 미친다면 우리의 정서에는 얼마나 중요할지 생각해 보십시오. 인간관계의 질과 행복 사이에는 강한 상관관계가 있습니다. 매우 행복한 사람들, 즉 행복한 사람들 중에도 더 행복한 사람들을 연구해본 결과, 이들은 한 가지 공통점이 있었는데, 바로 좋은 인간관계였습니다(Peterson C., 2008, 2006). 인간은 사회적 동물이라는 말이 너무 식상하게 들릴지 모르지만 이는 사실임이 분명합니다.

5.1 연습하기: 나의 인간관계망

관계망의 중요함을 읽은 후 이제 여러분의 인간관계망은 어떤지 생각해보십시오. 여러분을 지지해주는 사람들은 누구이며 필요할 때 도움을 주는 사람은 누구인지, 여러분과 함께 자주 시간을 보내는 사람은 누구인가요? 또 누구랑 즐겁게 노나요? 여러분이 살아가고 번영할 수 있게 도와주는 관계망의 중요 인물들은 누구인가요? 아래 그림에 그 이름들을 적어보세요.

5.2 되돌아 보기

나의 거미줄을 완성하고 나서 어떤 생각과 느낌이 드나요?

행복도 전염될 수 있다

인간관계에 관련해서 가장 놀라운 연구 중 일부는 사회적 전염성에 관련된 연구들이었습니다. 감정은 전염될 수 있다는 사실을 입증하는 자료들이 있습니다. 우리는 주변 사람들의 기분을 같이 느끼게 되는 경향이 있습니다. 함께 있는 사람들과 상호적으로 감정의 영향을 받게 되지요. 과학자들은 인간관계가 감정에만 영향을 미치는 것이 아니라 우리의 목표와 기대에도 영향을 미친다는 사실을 알아냈습니다. 파울러와 크리스타키스(2008)는 하버드대에서 흥미로운 연구를 진행했습니다. 12,000명의 사람들을 30년 이상 추적조사한 결과 어떤 사람이 행복할 확률은 그 사람과 관련된 사람들의 행복과 직접적으로 연관되어 있음을 알 수 있었습니다. 행복한 사람과 자주 연락함으로써 행복할 확률이 15% 증가하였습니다.

예상하지 못한 한 가지 결과는 한 사람의 행복이 '2차적인 인간관계'도 영향을 미칠 수 있다는 사실입니다. 친구의 친구가 행복한 사람이라면 친구가 행복할 확률뿐만 아니라 그 친구의 친구를 모르는 나까지도 행복할 확률이 덩달아 올라가게 된다는 사실이지요. 크리스타키스 박사는 이러한 결과가 말해주는 사실은 결국 행복이 단지 개인적 차원의 문제가 아니며 우리는 모든 사람의 웰빙이 다른 모든 이에게 영향을 주는 하나의 커다란 거미줄의 일부라고 말합니다. 같은 연구자들이 수행한 다른 연구에서는 부정적인 행동도 전염성이 있다는 결과가 나왔습니다. 흡연자와 직접 관련되어 있으면 흡연하게 될 확률이 높아집니다. 뿐만 아니라 자신과 직접적인 연관이 없는 친구의 친구가 담배를 피워도 흡연 확률이 올라가게 됩니다.

금연도 유사한 패턴을 따르게 됩니다. 직장에서 흡연이 점점 더 용인되지 않게 됨에 따라 사람들은 집에서도 그리고 친구들과 있을 때도 담배를 끊게 됩니다. 가장 친한 친구가 운동을 많이 하면 나도 신체적으로 활발하게 움직일 확률이 세 배나 증가하게 되고 친한 친구들이 건강한 식단을 고수하면 나도 똑같이 따라갈 확률이 5배나 증가합니다. 중요한 연구 결과는 친구 등 나와 함께 생활하는 사람들이 내 건강에 미치는 영향이 가족력으로 인한 영향보다 더 크다고 사실입니다 (Rath & Harter, 2010).

5.3 연습하기: 내가 원하는 정체성을 위한 전염성

1. 사회적 전염성에 대한 개념을 알고 나서 나에게 긍정적이었던 사회적 영향이 떠오르는 게 있나요? 있다면 어떤 것이었나요?

2. 내가 원하는 정체성에 잘 맞기 때문에 시작하고 싶거나 더 늘리고 싶은 행동을 두 가지만 생각해 보세요. 이 두 가지 행동은 무엇이 될 수 있을까요?

3. 나의 삶 속에서 이러한 행동을 나에게 '전염시켜줄' 사람이 있다면 누가 될까요?

4. 사람들이 나로부터 '전염되고 싶은' 행동이 있다면 무엇이 될까요?

인간관계 속에서 나타나는 반응 유형

우리는 힘든 시기를 겪을 때 의지가 되는 인간관계가 얼마나 중요한지 잘 알고 있습니다. 하지만 쉘리 게이블 박사와 연구팀은 좋은 시기에도 그런 인간관계가 똑같이 중요하다는 사실을 발견했습니다. 우리는 우리가 가진 시간의 80% 정도를 다른 사람과 긍정적 경험을 나누며 보내기 때문입니다. 연구 결과에 따르면 만족스러운 관계의 핵심 요소는 다른 사람의 삶에서 일어난 긍정적 사건들에 우리가 어떻게 반응하느냐입니다(Gable, Reis, Impett, & Asher, 2004). 사람들의 반응을 두 가지 면에서 분류할 수 있는데 반응이 능동적인지 수동적인지 그리고 건설적인지 파괴적인지에 따라 나눌 수 있습니다. 그래서 능동-건설적 반응, 능동-파괴적 반응, 수동-건설적 반응, 수동-파괴적 반응이 있을 수 있겠습니다. 예를 들어, 자녀가 집에 와서 엄마에게 학교 연극에서 주인공이 되었다고 말했을 때 엄마가 보여 줄 수 있는 4가지 가능한 반응은 아래와 같이 구분할 수 있습니다.

반응 유형

구분	능동적	수동적
건설적	엄마는 자리에서 벌떡 일어나서 아이를 껴안으며 말합니다. "와!! 축하해! 넌 그럴 만해. 정말 열심히 했잖아. 우리 오늘 축하 파티 해야겠다."	엄마는 컴퓨터 작업을 계속하면서 아이를 잠시 쳐다보고 말합니다. "잘 됐다, 아들."
파괴적	엄마는 책상에서 일어나서 허리에 손을 얹으며 단호하게 말합니다. "아, 너 지금 무슨 짓을 하고 있는지 알고 있는 거니? 앞으로 숙제 할 시간도 모자랄 텐데. 중학교 2학년이 얼마나 힘든 때인지 몰라?"	엄마는 화면에서 눈을 떼지 않으면서 중얼거립니다. "음, 진작 됐어야지. 그나저나 숙제는 언제 할래?"

　　더 행복한 관계와 관련된 반응 유형은 능동-건설적 반응이라는 걸 다들 짐작할 수 있으리라 생각됩니다.

5.4 연습하기: 좋은 소식 나누기

1. 최근에 좋은 소식을 누군가와 나눈 경험이 있다면 떠올려 보십시오.

2. 어떤 소식을 나누었나요? 누구에게 이야기하였나요?

3. 그 사람은 어떤 반응을 보였나요?

4. 위에 언급된 반응 유형 중에 해당되는 반응이 있었나요? 그렇다면 어떤 유형이었나요?

5. 이런 반응이 나에게는 어떤 영향을 미쳤나요?

결혼과 부부관계

많은 사람들에게 가장 중요한 인간관계 중 하나는 결혼을 통한 관계입니다. 결혼의 질이 기혼자들의 웰빙에 영향을 미친다는 입증자료들이 있습니다. 한 연구에서 42쌍의 부부를 병원에 데려가 작은 상처를 팔에 낸 후 상처가 아무는 데 걸린 시간을 측정하였습니다. 연구 결과, 부부관계가 좋지 않은 사람들이 부부관계가 좋은 사람들에 비해 상처가 낫는 시간이 2배나 더 걸렸습니다(Rath & Harter, 2010). 또 다른 연구에서는 부부관계가 좋은 경우, 결혼이 건강과 연관된다는 결과가 나타났습니다(Kiecolt-Glaser & Newton, 2001). 결혼과 행복의 상관관계에 대한 데이터는 명확하지 않습니다. 에드 디너와 로버트 비스워스 디너는 평균적으로 기혼자가 미혼자보다 더 행복하다는 결과가 나오긴 하지만 평균에는 개인 간의 차이가 반영되지 않았다고 말합니다. 어떤 이들은 결혼 후 훨씬 행복해 하는 반면 어떤 이들은 결혼 전후가 비슷하고 어떤 이들은 덜 행복하기도 하지요. 사실 관건은 결혼이 나에게 맞는가 맞지 않는가의 문제라고 할 수 있습니다.

관계에 관해 가장 잘 알려진 연구자 중 한 명인 워싱턴 대학의 존 고트만 박사는 25년 이상을 커플의 관계에 대해 연구하였습니다. 연구팀은 커플의 반응을 관찰하여 코드화하는 방법을 개발하였고 이 방법을 통해 91%의 정확도로 이 커플이 계속 행복하게 관계를 유지할지 아니면 헤어질지를 예측할 수 있게 되었습니다(Gottman & Silver, 1999).

고트만 박사는 관계의 끝이 안 좋을 것으로 예상되는 4가지 상호작용 유형이 있음을 발견했습니다. '묵시록의 네 기사(the four horsemen of apocalypse)'라 불리는 이 상호작용은 비난, 자기방어, 경멸 그리고 회피입니다. 비난은 상대방에 대한 부정적 이야기나 불평을 하고 상대를 탓하는 유형입니다. 자기방어는 상대방의 말을 받아들이지 않거나 역으로 공격하거나 투덜거리는 것을 말합니다. 경멸은 비난보다 강하게 상대를 무시하는 태도를 보이거나 혐오스럽게 대하는 유형입니다. 회피는 대화를 피하고 서로에게 어떤 반응도 주고 받지 않는 유형입니다. 반대로 행복한 부부에게서 자주 볼 수 있는 유형은 '부드러운 시작'인데 이는 문제를 부드럽게 이야기하기 시작하는 능력으로 서로에게서 멀어지는 것이 아니라 서로를 바라보고, 사과나 미소 혹은 유머를 통해 갈등의 긴장을 완화시킴으로써 대화를 이어가고, 상대방의 말을 열린 마음으로 들어서 상대방의 입장도 받아들여주는 상호작용입니다.

거의 모든 부부가 어느 정도는 비난 혹은 자기방어를 한다고 말할 수 있는데 이는 틀린 말이 아닙니다. 고트만 박사와 연구팀이 알아낸 사실은 부정적인 상호작용이 있다는 자체는 그리 중요하지 않다는 점입니다. 중요한 것은 긍정적 상호작용과 부정적 상호작용 간의 비율입니다. 수천 명의 참가자들을 통해 얻은 데이터를 보면 행복한 부부는 긍정과 부정적 상호작용의 비율이 5:1 정도라고 합니다. 즉, 오랫동안 좋은 부부관계를 유지하는 사람들은 전혀 싸우지 않거나 비난하지 않는 것이 아니라 비난이나 자기방어와 같은 부정적 상호작용보다는 감사와 애정을 표하는 긍정적 상호작용의 비율이 더 많다는 뜻입니다. 거의 싸우지 않지만 긍정적 상호작용이 없는 부부가 있을 수 있는데 이들의 결혼 생활은 아마도 아주 만족스럽지는 않을 것입니다. 고트만 박사는 성공적인 결혼생활을 가늠할 수 있는 가장 좋은 기준은 서로에게 부정적인 것보다 긍정적인 것을 더 많이 이야기하는 것이라고 말합니다.

지금까지 사람들의 웰빙을 위한 긍정적인 관계의 중요성을 알려주는 연구 결과들을 간단히 짚어보았습니다. 다음 장에서는 인간관계가 어떻게 나의 정체성에 도움을 줄 수 있는지에 초점을 맞춰서 살펴보도록 하겠습니다.

나의 인간관계 돌아보기

1장과 2장을 되돌아 보면 우리는 내러티브 관점에서 본 자신과 정체성에 대해 생각해보았고 다른 사람과의 관계에서 우리 자신에 대한 생각이 어떻게 유지되고 변화하는지를 이야기했습니다. 부디 '관계 거미줄' 연습 문제와 사회적 전염성 그리고 좋은 일에 대해 보였던 반응과 관련된 연습 문제들이 여러분 삶에서 중요한 관계들을 생각해보는 기회가 되었기를 바랍니다. 다음 연습 문제를 통해 그 인간관계들을 좀 더 깊이 있게 들여다보는 시간을 가져 보려고 합니다.

5.5 연습하기: 관계에 따른 정체성 인터뷰

(Freedman and Combs, 1999; White & Epston, 1990)

나에게 긍정적이며 중요했던 인간관계를 맺은 사람을 떠올려 보세요(부모님, 가족, 친구, 선생님, 직장동료, 지인 등).

1. 누구였나요? 왜 그 관계가 나에게 중요했나요?

2. 그 관계에서 있었던 스토리나 기억에 남는 경험에 대해서 이야기 해줄 수 있나요? 나와 그 사람과의 관계를 잘 보여주는 일화나 상황을 적어 주세요.

3. 이 경험 혹은 사건에서 나에게는 무엇이 중요했나요? 상대방에게는 무엇이 중요했었나요?

4. 이 사람이 나의 어떤 점을 가장 많이 인정해주었다고 생각하나요?

5. 이 관계에서 나타나거나 명확히 드러난 나의 모습들에는 어떤 면들이 있었나요?

6. 이 관계에서 나타난 나의 모습 중에서 좋은 쪽으로 깜짝 놀랐던 점이 있었나요?

7. 만약 그 사람과 인터뷰를 한다면, 그 사람은 나에 대해 뭐라고 이야기할까요?

8. 그 사람의 눈으로 나를 바라본다면 지금 내가 살아가는 방식에서 가장 인정해주고 싶은 면은 무엇일 수 있을까요?

9. 그 시각을 내 마음에 향후 몇 주 동안 두고 지낸다면 내 삶이 어떻게 달라질 수 있을까요?

5.6 되돌아 보기

이 질문들에 답하고 나서 어떤 생각과 느낌이 드나요?

인생의 관계 그룹 관점에서 보는 정체성

마이클 화이트에 따르면 내러티브 관점에서 볼 때 정체성은 인생의 관계 그룹, 즉 내가 속한 모임이나 단체로 이해할 수 있다고 말합니다. 이 관계 그룹은 서로 다른 구성원으로 이루어져 있는데 과거에 중요했던 사람, 현재에 중요한 사람 그리고 미래에 만날 상상의 사람들로 구성되어 있습니다. 그리고 나에게 중요한 사람들이 가진 의견이 나의 정체성을 만들어내는 데 기여하게 됩니다. 화이트 박사는 우리 인생의 관계 그룹 구성원을 직접 정할 수 있고 지위를 높이거나 명예회원으로 지명할 수 있으며 때로는 회원자격을 강등시키거나 아예 회원 자격을 취소시킬 수도 있다고 말합니다. 우리의 정체성을 형성하는 그룹의 사람들은 항상 우리가 아는 사람들이 아닐 수도 있습니다. 때로는 우리가 좋아하는 책의 작가일 수도 있고 영화나 소설의 인물들일 수도 있습니다.

화이트 박사는 '회원 재구성 대화(Re-membering Conversation)'라고 불리는 특별한 방식의 인터뷰를 개발했습니다. 이 인터뷰를 하면서 사람들은 여러 사람들을 통해 형성되는 자신들의 정체성을 뭔가에 싸여 있는 듯한 정체성의 개념과 대비하여 생각해보게 됩니다. "여러 사람들을 통해 형성되는 정체성이라는 개념으로 사람들은 자신들의 삶이 함께 공유하고 소중히 생각하는 주제를 중심으로 다른 사람들의 삶과 함께 흘러간다는 사실을 깨닫게 됩니다. 이는 긍정적이면서도 한 사람의 행동이나 성격에 대해 혼자 다 결론짓는 식이 아닌 정체성 개념입니다"라고 화이트 박사는 말합니다(White M., 2007, 138쪽).

'회원 재구성 대화'는 내 인생 그룹의 구성원을 조정할 수 있는 가능성을 열어 주고 우리가 나의 정체성에 귀중한 기여를 했다고 생각하는 사람들의 의견에 그 동안의 경험과 관계를 바탕으로 더 힘을 실어 줄 수 있습니다.

5.7 연습하기: 내 인생의 관계 그룹의 회원

여러분의 인생의 관계 그룹이 생성되었다고 생각해보세요. 여러분은 이 협회의 회원 자격을 결정할 수 있는데 이들의 의견과 관계가 어떻게 내가 원하는 정체성에 기여를 했는지를 판단하여 정할 수 있습니다.

먼저 아래에 5개의 회원증이 있으니 작성해보세요.

- 우선 나의 인생 그룹 이름을 정합니다.
- 나에게 긍정적 영향을 미치는 소중한 사람을 떠올리고 나의 인생 관계 그룹에 참여시키고 싶은 사람의 이름을 적습니다.
- 이 사람을 통해 받은 나의 긍정적 영향이나 이 사람과의 관계로 발견한 나의 모습을 적습니다.

＿＿＿＿＿＿＿＿ 인생 그룹 회원증

성명: ＿＿＿＿＿＿＿

귀하는 아래와 같은 공헌을 하셨기에 ＿＿＿＿＿＿인생 협회 회원증을 드립니다.

귀하와의 관계를 통해 나 자신의 다음과 같은 면을 볼 수 있게 되었습니다.

_____ 인생 그룹 회원증

성명: _____

귀하는 아래와 같은 공헌을 하셨기에 _____인생 협회 회원증을 드립니다.

귀하와의 관계를 통해 나 자신의 다음과 같은 면을 볼 수 있게 되었습니다.

_____ 인생 그룹 회원증

성명: _____

귀하는 아래와 같은 공헌을 하셨기에 _____인생 협회 회원증을 드립니다.

귀하와의 관계를 통해 나 자신의 다음과 같은 면을 볼 수 있게 되었습니다.

_____ 인생 그룹 회원증

성명: _____

귀하는 아래와 같은 공헌을 하셨기에 _____인생 협회 회원증을 드립니다.

귀하와의 관계를 통해 나 자신의 다음과 같은 면을 볼 수 있게 되었습니다.

_____ 인생 그룹 회원증

성명: _____

귀하는 아래와 같은 공헌을 하셨기에 _____인생 협회 회원증을 드립니다.

귀하와의 관계를 통해 나 자신의 다음과 같은 면을 볼 수 있게 되었습니다.

5.8 되돌아 보기

위의 인생 관계 그룹을 계속 유지하고 이들과의 관계를 계속 키워 나간다면 이는 여러분의 정체성과 미래 계획에 어떤 영향을 미치게 될까요?

정체성에 미치는 상호적 영향

모든 관계는 상호적입니다. 내러티브 훈련에서 중요한 점은 우리의 삶이 어떻게 연결되어 있는지를 살펴보는 과정입니다. 누군가가 내 삶에 영향을 미쳤다면 나도 그 사람의 인생과 정체성에 영향을 주었을 가능성이 높습니다.

예를 들어, 마이클 화이트 박사는 제시카의 스토리를 우리에게 들려 줍니다. 40대 여성인 제시카는 어린 시절과 청소년 시기에 고통 받았던 학대 때문에 화이트 박사에게 상담치료를 받았습니다. 학대의 결과로 제시카는 자신이 쓸모없는 사람이며 자신의 삶에 희망은 없다고 생각했습니다. 마이클이 인터뷰 했을 때 제시카가 그 동안 많은 위기를 이겨냈고 이런 어려움을 견뎌낼 수 있었던 이유가 과연 무엇인지 알고 싶어 한다는 사실을 알게 되었습니다. 제시카는 자신의 삶이 나아질 거라는 작은 희망을 가졌었는데 이는 아마도 이웃집 사람들 때문이었던 것 같다고 말했습니다. 약 2년간 제시카는 상처받는 일을 겪고 나서 이웃집을 방문했고 그 이웃은 위로와 함께 음식도 나누고 바느질과 뜨개질도 가르쳐 주었다고 합니다. 마이클이 그 이웃이 제시카의 어떤 면을 보고 그렇게 마음을 열게 되었는지, 어떤 면을 인정했을지를 물었습니다. 이 질문에 답할 때 제시카는 자신에 대해서 좀 다른 생각을 말했습니다. 즉, 자신을 가치 있는 존재로 보기 시작했지요.

여기까지도 충분히 긍정적이었지만 화이트 박사는 더 나아가 제시카의 정체성을 다시 재건하는 단계로 나아갔습니다. 그 이웃이 제시카의 삶에 미친 영향뿐만 아니라 제시카가 이웃에게 준 도움은 무엇이었는지에 대해서도 물었습니다. 예를 들어 바느질과 뜨개질을 배우겠냐는 이웃의 제의를 제시카가 받아들였을 때 이것이 그 이웃에겐 어떤 의미였을지를 물었습니다.

이제 우리의 삶에 누군가가 준 영향과 내가 그 사람의 삶에 미친 영향을 마지막 연습 문제를 통해 살펴보도록 하지요.

5.9 연습하기: 주고받는 영향

위의 (연습 5.7) 관계에 따른 정체성 인터뷰에서 언급했던 사람의 이름을 적어 보세요.

_____

1. 이 사람이 내 인생에 미친 영향

1) 이 사람이 내 인생에 미친 가장 중요한 영향은 무엇이었다고 생각하나요?

2) 이 사람을 알게 되어 내 삶에 일어난 긍정적 변화는 무엇인가요?

3) 이 변화를 이해하는 데 도움이 될 만한 에피소드가 있나요?

4) 이 사람과의 관계에서 가장 좋았던 점, 앞으로도 늘 간직하고 싶은 점은 무엇인가요?

2. 이 사람의 삶에 내가 미친 영향

1) ＿＿＿＿＿＿＿＿＿＿가 생각하기에 내가 자기 삶에 미친 가장 중요한 영향은 무엇이라고 할 것 같은가요?

2) 나를 알게 되어 ＿＿＿＿＿＿＿＿＿의 삶에 일어난 긍정적인 변화는 무엇이 있을까요?

3) ＿＿＿＿＿＿＿＿＿에게 이 변화를 이해하는 데 도움이 될 만한 스토리를 말해 달라고 하면 어떤 이야기를 해줄 것 같나요?

4) 나와의 관계에서 _____가 가장 좋았던 점, 앞으로도 항상 간직하고 싶은 것은 무엇일 거라고 생각하나요?

5.10 되돌아 보기

이 관계에서 서로 주고 받은 영향을 생각해 보는 과정이 어땠나요? 여러분 자신을 바라보는 시각에 영향을 주었나요?

5주차 대화 연습

친구나 대화 상대와 모여 '관계에 따른 정체성' 인터뷰에 대한 반응과 '인생그룹 회원'에 대한 생각을 나누어 보십시오.

5주차 읽을 거리

Diener, E. & Biswas-Diener, R. (2008) Happiness Unlocking the Mysteries of Psychological Wealth. Malden MA: Blackwell. Chap. 4. Relatioships

White, M. (2007). Maps of narrative practice. New York: W.W. Norton Chap. 3.Re-Membering Conversations.

Gottman, J., & Silver, N. (1999). The Seven Principles for Making Marriage Work: A Practical Guide from the Country's Foremost Relationship Expert. New York: Three Rivers Press.

✳

Week 6
목적, 의미 그리고 성취

목적, 의미 그리고 성취

마틴 셀리그만 박사가 말한 웰빙을 위한 5가지 요소인 PERMA에서 M과 A는 의미(Meaning)와 성취(Achievement)를 뜻합니다. 우리는 앞에서 웰빙의 다른 요소인 긍정정서, 몰입, 그리고 관계를 다루었고, 이 요소들이 어떻게 나의 정체성에 기여를 했는지 살펴보았습니다.

이번 주에는 나의 삶의 의미와 목적을 이루어 가는 요소들이 무엇인지 생각해보려고 합니다. 즉, 나의 선택, 목표, 꿈들을 실현하기 위해 밟아야 할 단계를 이끄는 가치와 노력들에 대해 생각해보겠습니다. 마지막 주의 연습 문제를 통해 여러분이 이뤄낸 가장 큰 성취들은 무엇이 있었는지, 다른 사람들에게도 인정받은 성취 또는 나만 알고 있는 성취에 대해서 살펴보도록 하겠습니다.

나의 삶의 의미와 목적

고대의 철학자, 심리학자, 치료사, 일반인 모두 인생의 의미는 우리 존재의 핵심적 단면이라는 데 동의합니다. 사람들은 인생의 의미와 목적을 원합니다(Seligman, 2011). 셀리그만 박사의 의하면 의미 있는 삶은 나 자신보다 더 크다고 믿는 무언가에 속하고 기여하는 것이라고 말합니다. 또 사회가 어떻게 이를 위한 제도들을 만들어 왔는지도 설명하고 있습니다. 가족, 종교, 지역사회 커뮤니티, 정치정당 등 많은 종류의 조직과 단체가 타인을 돕고 더 나은 세상을 만들기 위한 목적으로 세워졌습니다.

콜로라도 주립대의 의미 연구 전문가 마이클 스테커는 "의미가 우리 삶에 스며든다"고 말했습니다(2009, 679쪽). 스테거는 삶의 의미를 통해 우리는 자신의 경험을 해석하고 정리할 수 있으며 우리 자신이 가치 있음을 느낄 수 있고 우리에게 중요한 것이 무엇인지 깨닫고 우리의 에너지를 효과적으로 쓸 수 있다고 말합니다.

의미에 대한 문헌연구를 통해 스테거가 내린 결론은 자신의 삶의 의미와 목적이 있다고 믿는 사람들이 그렇지 않은 사람보다 더 낫다는 사실입니다(2009). 삶의 의미를 지닌 사람들은 전반적으로 더 많은 웰빙과 만족감을 경험하며, 자신의 삶을 더 잘 조절하는 능력을 가지고 자신의 일에 더 몰입한다고 합니다. 즉, 삶의 유익함을 더 많이 누리고 있다는 뜻입니다.

반면 해로운 일들은 적게 경험합니다. 의미를 크게 느끼는 사람들은 부정적 영향을 덜 받고, 우울증이나 불안감도 덜 느낍니다. 일 중독이나 마약 중독에 빠질 가능성이나 자살 충동을 느낄 가능성도 낮습니다. 연구에 따르면, 지금 당장의 이익을 초월하는 대의명분이나 이상을 위해 자신의 삶을 헌신하는 사람들은 삶의 의미를 더 크게 느끼는 경향이 있습니다. 반대로 정신병 환자나 마약 재활 훈련 중인 사람들처럼 심각한 심리적 고통을 안고 사는 사람들은 삶의 의미를 잘 못 느끼는 경향이 있습니다. 하지만 치료를 통해 이들이 자신의 삶의 의미를 되찾을 수 있도록 도울 수 있음이 입증되었습니다.

목적이 있는 삶은 삶의 만족도, 정신적 건강, 육체적 건강과 상관관계가 있습니다(Kashdan & McKnight, 2009). 예를 들어, 맥나이트와 카쉬단은 자원봉사를 하는 사람들이 하지 않는 사람들보다 60% 정도 사망률이 낮았다고 말합니다. 이와 유사하게, 다른 사람에게 사회적 지지를 보낸 사람들이 사회적 지지를 주고 받지 않은 사람들보다 사망률이 절반 정도 낮았습니다. 심지어 애완동물을 돌보는 것과 같이 소소하게 자기 자신을 내어 주는 활동들이 장수와 연관되어 있는 것으로 밝혀졌습니다.

의미와 목적의 개념은 서로 뒤엉켜 있습니다. 학자들이 어떻게 이 두 가지를 정의하는지를 보기 전에 이 단어들이 여러분에게 어떻게 다가오는지 생각해보세요.

삶의 의미에 대해 연구하는 심리학자들은 '목적'과 '의의'라는 두 가지 면에 초점을 두고 바라보는 경향이 있습니다. '목적'은 보통 우리 삶에 중요한 특정 목표들이 있음을 가리킵니다. 목적은 행동으로 이어지는데 이는 목표들에 근접하기 위해 우리가 취하는 행위와 우리가 설정한 목표를 말합니다. '의의'는 우리의 경험을 해석하는 방식과 함께 우리 인생의 앞뒤 문맥을 맞추는 것과 관련이 있습니다. 이를 통해 경험들이 하나의 일관된 스토리로 이어질 수 있습니다.

저는 이 두 가지 관점을 합친 마이클 스테거의 정의가 마음에 듭니다. 마이클 스테거는 삶의 의미란, 자신의 삶에 대해서 어느 정도 이해하고 납득하며 의의를 찾을 수 있는가, 그리고 목적과 사명, 인생을 아우르는 목표가 얼마나 있는지 스스로 인지하는 것이라고 말합니다(Steger, M. 2009).

또한, 스테거 박사는 우리 인생 스토리에서 의미가 갖는 중요성에 대해서도 이야기합니다. 의미가 없는 삶은 스토리로서 통합되지 못한 일련의 사건들에 지나지 않습니다. 의미 없는 삶은 스토리가 없는 삶으로 노력할 것도 없고, 무슨 일이 있어 왔는지 이해할 것도 없는 삶이라고 설명합니다(Steger, M. 2009). 심리치료 전문가 니에메이어 박사와 마호니 박사도 역시 삶의 의미는 우리의 스토리와 인생사로부터 나올 수 있다고 강조합니다.

바우메이스터와 보스(2005)는 다음의 4가지 기본 욕구를 충족시키기 위해서 삶의 의미를 찾아보라고 제안하고 있습니다.

- 목적에 대한 욕구, 목표들을 가지고 이를 성취하고자 함
- 가치에 대한 욕구, 삶이 좋은 것이라 느끼게 해주고 우리의 행동을 이끌어 줌
- 효능감에 대한 욕구, 변화를 가져올 수 있다는 믿음
- 스스로를 가치 있다고 느끼고 싶은 욕구

목적과 목표에 대해서는 후반부에 다시 이야기하겠습니다. 먼저 우리의 행동을 이끄는 가치에 대해서 생각해봅시다. 우리의 가치에 대해 생각할 수 있는 방법이 여러가지가 있는데 그 중에 샬롬 슈워츠의 분류를 활용해보도록 하겠습니다. 슈워츠는 우리의 삶을 이끌어주는 공통된 가치가 있는지를 알아보기 위해 44개국 6만 명의 사람들을 대상으로 조사를 진행한 사회 심리학자입니다. 조사 결과 10가지 종류의 가치와 이 가치들이 분류되는 특정 구조 혹은 방식을 찾았습니다(Schwartz, 1994).

샬롬 슈워츠의 10가지 보편가치

1. 권력(Power): 사회적 지위와 위신, 다른 사람을 통제하려는 것

2. 성취(Achievement): 목표를 세우고 달성하는 것

3. 쾌락(Hedonism): 즐거움과 재미를 추구하는 것

4. 자극(Stimulation): 신나고 설레는 일을 추구하는 것

5. 자주성(Self-direction): 독립과 자유를 선호하는 것

6. 보편성(Universalism): 정의와 관용을 추구하는 것

7. 자비(Benevolence): 베풀고 타인을 도우려는 것

8. 전통(Tradition): 관습과 사회 질서를 존중하고 보존하려는 것

9. 순응(Conformity): 규칙과 구조에 따르려는 것

10. 안보(Security): 건강과 안전에 대한 것

잠시 시간을 가지고 여러분의 삶에서 이러한 가치들이 어떤 역할을 하고 있는지 생각해보세요.

6.1 연습하기: 가치 바퀴

다음은 샬롬 슈워츠의 10가지 보편가치 분류를 바탕으로 한 도표입니다.

1. 각각의 가치를 보고 이 가치가 나에게 얼마나 중요한지 생각해보세요. 나의 선택과 결정에 어느 정도까지 영향을 미치나요?

2. 나에게 중요한 정도에 따라 각 부분을 색칠해 보세요. 아주 중요하다면 다 칠하고 그리 중요하지 않다면 일부만 색칠하면 됩니다.

3. 그리고 나의 가치에 포함되지 않는 것이 있다면 필요에 따라 그 부분을 바꾸어 내가 중요하다고 생각하는 가치를 새로 적어도 좋습니다.

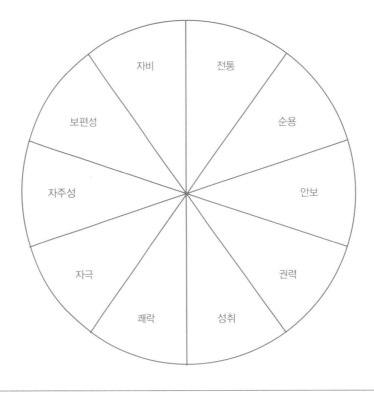

4. 가치 바퀴에서 나에게 중요한 한 가지 가치를 골라서 적어 보세요.

1) 이 가치를 선택한 이유는 무엇인가요?

2) 이 가치가 나의 선택이나 삶을 살아가는 방식에 어느 정도 영향을 미치나요?

3) 최근에 이 가치의 영향으로 내가 했던 선택이 있었나요? 어떻게 그런 선택을 하게 되었나요?

4) 어떻게 이 가치를 배우거나 체득하게 되었나요? 이 가치를 택하는 데 영향을 준 사람은 누구인가요?

5) 이 가치를 품고 사는 것이 나의 삶에는 어떤 영향을 주었나요?

6) 이 영향들이 긍정적인가요? 아니면 부정적인가요?

7) 이 가치가 나의 대표 강점 중 하나와도 연관되어 있나요? 연관되어 있다면 어떻게 되어 있나요?

6.2 되돌아 보기

이 연습 문제를 통해 여러분이 느낀 점을 이야기해주세요.

　　본인이 믿는 가치, 자존감, 효능감, 목적과 목표는 모두 우리의 삶을 의미 있게 만들어 줍니다. 대부분의 사람들은 한 가지에서만 삶의 의미를 찾지 않고 여러 가지 면에서 삶의 의미를 찾아냅니다(Baumeister & Vohs, 2005). 의미를 연구자들은 사람들에게 "여러분의 삶에 의미가 되는 것들은 무엇입니까?"라는 질문을 통해 그에 대한 답을 코드화해서 분류하고 있습니다.

6.3 연습하기: 목록 작성하기

(출처: List Yourself, Segalove & Velick, 1996)

"여러분의 삶에 의미가 되는 것들은 무엇입니까?"라는 질문을 받았을 때 떠오르는 모든 것들을 목록으로 적어 보세요. 너무 많이 생각하지 말고 떠오르는 것들을 그냥 적어보세요. 5분 동안 멈추지 않고 계속 적어 보세요.

심리학자 로버트 에몬스는 사람들이 주로 삶의 의미를 발견하는 4가지 요소를 일(성취), 친밀함(관계), 영성(종교), 초월성(생식성: 미래세대와 사회를 위해 헌신하는 일)이라고 제시하고 있습니다. 여러분의 목록에 적혀 있는 사항들 중 이 4가지에 속한 것들이 있나요? 이 4가지 요소가 여러분이 느끼는 삶의 의미와 얼마나 관련 있다고 생각하시나요?

어린 시절 자신만의 동양 도시를 지었던 에듀라도를 기억하시나요? 이 4가지 요소 중 3가지는 에듀라도에게 매우 중요했던 것 같습니다. 그는 아내와 자식들과의 관계가 아주 좋았고 이는 그의 웰빙에 가장 중요한 부분이었습니다. 배우자에 대해 이야기할 때 항상 애정과 감사를 담아 표현했습니다. 그럼에도 불구하고 저와 상담을 할 때는 가족 관계만으로는 웰빙을 유지하기에 충분하지 않아 보였습니다. 몇 번에 상담을 거친 후 일(성취)에 대한 부분이 오랫동안 그의 삶을 의미 있게 만드는 중요한 요소였음이 명확해졌습니다. 그리고 조기은퇴로 인해 의미 요소를 잃었을 수 있다는 사실을 과소평가했다는 사실을 깨닫게 되었습니다. 새로운 일을 통해 업무의 난이도를 높이고 나니 그 일은 다시 그에게 의미 있는 일이 되기 시작했습니다.

초월성(생식성)도 에듀라도가 간과한 중요한 의미 요소였습니다. 수년간 그는 지역사회 개발에 참여를 해왔습니다. 대학에서 학생회를 조직하기도 했고 고향에서 소외계층 사람들과 함께 일했습니다. 하지만 이민을 오게 되면서 외국인이라서 어떤 정치적 사회 활동을 할 수 없다고 생각했습니다. 흥미롭게도 그에게 지역사회 일은 '뭔가를 구축하는 일'과 마찬가지였습니다. 그가 무엇이든 만들고 고치는 일을 얼마나 좋아하는지는 그의 스토리를 통해 우리 모두 알고 있는 사실입니다. 이는 에듀라도에게 있어서 초월성의 일종이었습니다. 안타깝게도 에듀라도에게 초월성에 대해서는 물어보지 않았습니다. 영성에 대해서도 물었더라면 좋았겠지만 그래도 그의 삶에서 뒷전으로 밀려 있던 두 가지 중요한 의미 요소를 찾아냈고 이를 다시 살려내니 삶에 대한 활력도 되찾았다고 느꼈습니다.

위에서 언급한 삶의 의미를 부여하는 4가지 요소에 대해 생각해보고 연습 문제를 해보세요.

6.4 연습하기: 삶의 의미를 부여하는 요소에 관한 인터뷰

　(출처: Roth & Epston, 1996)

이 연습 문제는 약간의 상상력이 필요합니다.

1. 다음의 표를 보고 각각의 요소가 여러분 삶의 의미에 얼마나 중요한지 표시해보세요.

구분	전혀 중요하지 않음	별로 중요하지 않음	약간 중요함	매우 중요함
일(성취)				
친밀감(관계)				
영성				
초월성(생식성) : 미래세대와 사회에 대한 헌신과 기여				

여러분의 답을 바탕으로 지금 현재 삶에 더 의미를 부여해주는 요소는 무엇인가요? 아래에
동그라미로 표시해보세요.

일(성취)	친밀감(관계)	영성(종교)	초월성(생식성)

2. 자, 이제 선택한 요소가 사람이라고 상상해 보세요. 이 사람을 인터뷰 해보려고 합니다. 예
를 들어 일(성취)을 선택했다면, 일(성취)을 인터뷰 해보도록 하겠습니다. 혹은 친밀감(관
계)을 선택했다면 이 친밀감과 이야기를 나눠보도록 하겠습니다. 여러분이 '일(성취)', '친밀
감(관계)', '영성(종교)' 혹은 '초월성(생식성)'이라고 생각하고 답해 보세요. 이 사람에게　몰
입해서 마치 진짜 일, 친밀감, 영성, 초월성인 척 해보세요. 인터뷰에 응한다고 생각하고 답해
보세요. '이름'이라고 표시되어 있는 부분은 실제 본인의 이름을 적으시면 됩니다.

1) 안녕하세요? _____ (일, 친밀감, 영성, 초월성) 님. 이렇게 인터뷰에 응해 주셔서 감사합니다.

2) _____(본인 이름)의 삶에서 그렇게 중요한 역할을 하고 있다는 사실에 놀라셨나요?

3) 왜 놀라셨나요? 혹은 왜 놀라지 않으셨나요?

4) _____(본인 이름)와 관계가 어떤 지 좀 말씀해 주세요. 두 분이 어떻게 만나셨나요?

5) 서로 안 지 얼마나 되셨죠?

6) 누가 소개시켜 준 건가요?

7) 어떤 일들을 함께 하나요?

8) _____(본인 이름)의 삶에 가장 크게 기여한 바는 무엇이라고 생각하시나요?

9) _____(본인 이름)가 당신을 어떻게 성장시켰나요?

10) _____(본인 이름)가 때론 당신을 소홀히 대하는 경우가 있나요?

11) 당신이 더 잘 되게 할 수 있는 방법을 _____(본인 이름)에게 알려 준다면 어떤 것이 있을까요?

12) _____(본인 이름)의 미래에 대해 당신이 가지고 있는 희망이 있다면 무엇인가요?

13) 당신에 대해서 우리가 알아야 할 다른 사항은 없나요?

인터뷰에 응해 주셔서 감사합니다.

6.5 되돌아 보기

이 연습 문제를 하면서 어떤 생각과 느낌이 들었나요?

　　이 연습 문제가 좀 생소하게 다가왔을지도 모르겠습니다. 하지만 이를 통해 삶의 의미를 주는 요소들을 생각해보는 기회가 되셨기를 바랍니다. 혹시 3주차에 했던 외재화 연습이 생각나지는 않았나요? 동일한 개념을 바탕으로 한 작업입니다. 만약 의미를 우리 안에 내재되거나 내재되지 않는 성격의 무언가라고 생각하게 되면 우리의 사고는 제한적일 수 있습니다. 하지만 의미를 본인 삶에 존재하는 무언가로서 본인과 관련된 것, 본인이 키우거나 방치할 수도 있는 것이라고 생각하면 스스로 더 많은 의미를 부여하거나 삶에 미치는 긍정적인 영향을 늘릴 수 있는 가능성이 있습니다.

목적

앞서 언급했듯이 삶의 목적은 의미보다는 보다 실질적인 개념으로 다가옵니다. 목적은 세부 목표들을 동반하게 됩니다. 회사 홈페이지에 게시되어 있는 회사의 사명을 본 적이 있나요? 인생의 목적은 우리의 사명으로 생각할 수 있습니다. 즉, 목적이란 이 땅에 태어나 살아가는 동안 성취하고 싶은 것, 삶에서 일궈내고 싶은 크거나 작은 변화라고 할 수 있습니다.

조지 메이슨 대학의 심리학 교수 카쉬단과 맥나이트는 '목적이란 다른 목표들을 체계화하고 자극시키며, 행동을 관리하고 의미를 부여하는 스스로 구성한 핵심적인 인생 목표'라고 정의하고 있습니다(Kashdan and McKnight, 2009). 여기서 목적은 마치 내 안에 있는 나침반처럼 나의 행동에 방향을 잡을 수 있도록 도와주는 개념입니다. 이 적절한 비유를 활용해서 목적을 나침반이라고 생각하게 되면 나침반을 사용하는 것은 본인의 선택에 달려있습니다. 하지만 이 나침반을 사용하게 되면 이는 우리에게 삶에 대한 의미를 느낄 수 있도록 도와줍니다. 왜냐하면 삶에서 목표를 세우고 성취할 수 있게 해주기 때문입니다. 목적은 한 사람의 정체성과 행동에 잘 엮여 있다고 볼 수 있습니다.

카쉬단과 맥나이트는 한 사람이 다수의 목적을 가지고 있을 수도 있다고 말합니다. 다수의 목적이 유익할 수 있는데 왜냐하면 한 가지 목표에만 집중하다가 이것이 잘 풀리지 않으면 매우 절망스러운 상황이 될 수 있기 때문입니다. 하지만 목적이 너무 많은 경우에는 목적 자체가 희미해질 수 있어서 어디에 우리의 에너지와 노력을 쏟을 지 정하는 것이 필요합니다.

삶의 목적에 대해서 생각해본 적 있나요? 여러분이 회사라고 생각하고 회사의 존재 목적과 미션을 홈페이지에 게시하여 사람들에게 공개해야 하다면 어떤 내용을 쓰게 될까요? 많은 이들이 목적에 대한 직관적인 감각을 가지고는 있지만 이를 명확하게 말로 표현하는 데에는 어려워합니다.

셀리그만 박사가 언급했듯이 인류는 우리가 소속감을 느낄 수 있는 많은 단체들을 만들어 왔습니다. 소속감은 개인이 보다 의미 있는 삶을 살 수 있게 해줍니다. 여러분이 속해 있는 단체 나

조직에서 여러분 삶의 목적에 대한 실마리를 얻을 수 있을지 모릅니다. 본인에게 알맞다고 생각하는 장소와 사람들 속에서 활동에 참여하고 만족감과 영감을 얻다 보면 본인의 목적에 대해 많은 것을 알 수도 있습니다. 이러한 단체는 학교, 동호회, 종교단체, 지역 커뮤니티 등이 될 수 있습니다.

저의 사례를 들어볼까요? 저는 가족 외에 삶에 중요한 커뮤니티를 생각해보면 제일 처음 떠오르는 커뮤니티는 청소년 시절 다닌 학교, 대학원까지 마친 시카고 대학, 상담사가 되기 위해 트레이닝을 받았던 가족치료상담소 그리고 회원으로 가입되어 있는 전문단체, 내러티브 임상치료사 모임 그리고 긍정심리학자 모임입니다.

이를 보면 내 인생에서 배움과 학문이 중요하다는 사실과 사람들에게 도움을 주고자 하는 저의 소명의식에 대해서 알 수 있다고 생각합니다. 제가 하는 일이 무엇인지 궁금하신가요? 저는 대학에서 학생들을 가르치고 나머지 시간에는 클라이언트를 만나 그들이 충만한 삶을 살아갈 수 있도록 돕고 있습니다.

6.6 연습하기: 나의 인생 목적에 대한 힌트 – 나의 삶에서 중요한 모임과 단체

여러분이 소속되어 있으면서 삶에 긍정적 영향을 준 모임 혹은 단체를 떠올려 보세요. 그리고 그 모임 또는 단체가 여러분에게 준 영향에 대해 적어보세요.

제도, 모임, 클럽 혹은 단체	영향

6.7 되돌아 보기

연습 문제를 통해 어떤 생각이 들었나요? 무엇이 특히 눈에 띄었나요? 공통점이 보이나요? 특히 중요했던 단체가 있다면 무엇이었나요?

인생의 목적을 모색하고 정의할 수 있는 여러 가지 방법이 있습니다. 긍정심리학자 캐롤라인 밀러와 마이클 프리슈는 《베스트 인생 만들기(Creating your Best Life)》라는 책을 통해 개인의 '사명 선언문(Mission Statement)'을 만들기 위한 가이드라인으로 아래의 6가지 단계를 제시하고 있습니다.

개인의 사명 선언문 만들기(Mission Statement)

1. 가장 소중하게 생각하는 가치를 스스로에게 물어보세요.

2. 내가 세상을 떠나고 난 후, 자식들을 비롯하여 주변 사람들이 나를 어떤 사람으로 기억하길 바라는지도 스스로에게 물어보세요.

3. 어떤 사건, 역사, 정치, 인문학 또는 종교 관련 글 등에서 가장 큰 영감을 받았던 문장은 무엇이었나요?

4. 유명한 회사의 사명을 웹사이트나 광고에서 찾아보고 메시지가 그 회사가 실제로 생산하는 제품이나 서비스와 잘 맞다고 느껴지는지 생각해보세요.

5. 여러분의 최종 사명 선언문은 설득력을 지니면서도 행동지향적으로 만드세요. 또한, 스스로에게 영감을 주고 이해하기 쉬운 문구로 만드세요. 이 문구는 자신의 최고 모습과 가장 진정한 행동을 이끌어내면서 목표를 쉽게 말해줄 수 있어야 합니다.

6. 처음부터 완벽하게 완성하지 못해도 걱정하지 마세요. 적당하다고 느껴질 때까지 계속 노력해보세요.

Creating your Best Life, Miller & Frisch, 2009

우리는 목적이라는 한 축을 중심으로 인생 스토리와 자신에 대한 인식을 만들 수 있습니다. 내러티브 훈련에서 자신에 대한 특정 스토리만으로는 자신을 설명하는 데 제한적이라고 느낀 사람들이 대안 스토리를 개발할 수 있도록 도왔고 동시에 이들의 희망, 꿈, 가치, 노력, 그리고 목적에 대해서 함께 살펴 보았습니다. 이러한 과정을 통해 사람들이 종종 자신의 정체성에 대해 가질 수 있는 부정적인 결론들이 바뀌곤 합니다.

다음의 연습 문제를 통해 여러분의 가치와 꿈에 대해서 생각해 보는 기회를 가져보시기 바랍니다.

6.8 연습하기: 가치, 꿈, 그리고 영감

1. 현재 하고 있는 일 또는 앞으로 하고 싶은 일에 대해 적어보세요.

2. 현재 직장에서 일을 하기로 했던 이유 또는 앞으로 하고 싶은 일을 결정한 이유는 무엇이었나요?

3. 어떤 가치와 의도, 그리고 어떤 꿈이 이 결정에 영향을 주었나요?

4. 왜 이런 것들이 나에게 중요했나요?

5. 이 사건이 나의 어떤 면을 보여준다고 생각하나요?

6. 이러한 가치, 의도, 꿈이 여전히 지금도 중요한가요? 만약 변화가 있다면 지금은 어떤 것들이 중요하다고 할 수 있나요?

7. 매일매일 여러분의 일에서 이러한 가치, 희망, 꿈을 얼마나 지키고 있나요?

8. 이것들을 현재에 간직하기 어렵게 만드는 무언가가 있나요?

9. 어떻게 하면 이것들을 여러분의 일에서 살아나게 할 수 있을까요?

10. 이러한 가치, 의도, 꿈의 존재감을 여러분의 일 속에서 늘리거나 새롭게 하기 위해서 할 수 있는 딱 한 가지가 있다면 무엇이 될 수 있을까요?

11. 이렇게 되면 여러분의 일에 어떤 영향이 있을까요?

12. 자신이 직업적으로 원하는 모습이 될 수 있도록 도와 주는 '드림팀'을 꾸린다면 이 팀의 멤버는 누가 될 수 있을까요?

6.9 되돌아 보기

이 연습 문제를 한 후에 여러분의 내면에서 들려오는 소리는 무엇인가요? 어떤 생각과 느낌이 드나요?

마이클 화이트는 우리가 자신의 가치, 꿈, 영감, 희망을 대화를 통해 구체적으로 생각하면서 풍성하게 표현할 때 더욱 긍정적인 정체성 판단을 내릴 수 있다고 합니다. '정체성 판단(Identity conclusions)'이라는 말이 어색하게 들릴 수도 있지만 이는 정체성이 우리 안에 내재된 고정물이 아니라는 점을 강조하기 위해 의도적으로 쓴 단어입니다. 정체성은 만들어가는 것이며 역동적으로 변화합니다. 우리는 우리가 어떤 사람인지 경험과 다른 사람과의 교류를 통해 판단합니다. 그리고 이러한 판단들은 수정되고 발전하기도 합니다. 자기 자신에 대한 여러 가지 판단들로 사람들은 행동을 취하게 되고 이로써 행동과 인간관계가 자신의 인생 목적과 더 일치될 것입니다.

　자신의 자서전 쓰기는 부담스러운 활동이지만 본인의 정체성을 정리하는 데 도움을 주는 활동입니다. 아래의 목차를 참고하여 자서전 쓰기를 시도해볼 것을 권유드립니다.

- 나의 바램, 희망 그리고 꿈
- 나의 가치
- 나의 노력
- 나의 목적
- 삶에 대해 내가 가진 지식과 이 가치, 희망, 꿈을 위해 내가 취했던 행동

여러분은 이미 자신에게 가장 중요한 가치와 인생의 의미를 찾게 해주는 요소들을 살펴보았습니다. 이와 더불어 자신의 목적의식을 형성시키거나 유지시키는 데 도움이 된 단체들도 돌아보았습니다.

이제 미래에 누군가 여러분의 전기를 쓴다고 상상해보세요. 여러분의 이름이 책 제목이 되고 여러분은 부제를 정해야 합니다. 부제는 단어 또는 문장으로 표현되며 여기에 여러분의 인생 목적이 담겨 있어야 합니다. 예를 들면《월트 디즈니 스토리: 마법세계의 창시자》(Selden, 2009)',《퀴리 부인: 과학의 길을 바꾸다》(Steele, 2008)',《언제나 가난한 이, 마더 데레사: 삶과 메시지》(Gonzalez-Balado, 1980)'와 같이 표현될 수 있겠지요.

6.10 연습하기: 나의 자서전 제목

나의 자서전 제목을 적어 보세요.

책《베스트 인생 만들기(Creating Your Best Life: The Ultimate Life List Guide)》에서 캐롤라인 밀러는 '내 인생의 초상'이라는 연습 문제를 제시하였는데 이를 통해 좀 더 구체적으로 여러분이 후에 어떻게 기억되고 싶은지를 생각해볼 수 있습니다.

목표

목표는 목적과 다를까요? 맥나이트와 카쉬단은 목표는 목적보다 더 구체적이라고 말합니다. 목적은 더 큰 그림이며 더 추상적입니다. 목적이 있기에 사람들은 목표를 세우려는 동기를 가지게 되고 이러한 목표들을 정리할 수 있습니다. 예를 들어, 나의 목적이 지구의 산호초를 지키는 것이라면 이를 위해 구체적인 목표들을 세워야 합니다. 전 세계에서 가장 취약한 산호초 지대를 파악하고 보다 즉각적인 변화를 줄 수 있는 지역들을 선정하고, 연구비를 지원받기 위해 쿠스토 재단 (Cousteau Foundation)에 연락을 할 수 있습니다. 또는 환경부 장관에게 편지를 쓰고 자원봉사자들을 모아 초등학교에 방문해서 해양환경에 대해 어린이들을 교육할 수도 있고, 세계 스쿠버다이빙 협회와 협력관계를 맺어 특정 산호초 지대에서는 다이빙을 제한할 수 있도록 하는 것 등이 모두 목표가 될 수 있습니다. 목표는 목적을 달성할 수 있도록 나를 이끌어 주는 실질적인 단계입니다.

목표 세우기와 달성하기는 긍정심리학에서 가장 흥미진진한 연구 분야 중 하나입니다. 왜냐하면 이는 웰빙에 중요한 구성요소이기 때문이지요. 메릴랜드 대학의 에드윈 록크 박사와 토론토 대학의 개리 라담 박사는 사람들이 어떻게 목표를 세우고 이를 달성하는 데 도움이 되는 요소는 무엇인지를 연구하고 있습니다. 이들의 연구에서는 아래의 조건이 갖춰질 때 목표를 달성할 확률이 높아진다는 결과가 나왔습니다(Locke & Latham, 1990).

1. 적당히 어려운 목표

어떤 지식과 기술을 가지고 있다면 우리는 쉬운 목표보다는 어려운 목표를 달성하고자 할 것 입니다. 예를 들어 달리기를 좋아하는 경우 간단한 운동장 달리기보다는 하프 마라톤 대회에 나가겠다는 목표를 세울 수 있습니다.

2. 구체적인 목표

본인이 무엇을 달성하고 싶은 지 명확하고, 그 목표가 구체적이고 측정 가능한 용어로 표현되는 것이 중요합니다. '최선을 다하자'는 구체적인 목표가 아닙니다. 그보다는 '매출 10% 올리기' 또는 '일주일에 4번 헬스장 가서 1시간 운동하기'와 같은 표현이 보다 명확하고 객관적인 목표라고 할 수 있습니다.

3. 피드백

　4주차에 몰입에 대해 이야기할 때 피드백의 중요성을 다루었습니다. 피드백이 즉각적으로 오는 활동일수록 몰입이 잘 된다는 사실을 기억하시나요? 목표에 있어서도 마찬가지입니다. 목표를 달성하기 위해 현재 어떻게 진행되고 있는지, 지금까지 이룬 부분적인 결과는 무엇인지를 확인할 필요가 있습니다. 예를 들어, 하프 마라톤 대회를 준비 중이라면 짧은 거리 달리기 연습을 시작해서 시간을 재고 달리기 후 피로감이 어느 정도인지를 확인하겠지요. 다이어트를 하는 경우에는 주기를 정해 체중을 확인하며 단계적으로 체중을 감량하는 것이 중요합니다. 학생들도 단 한 번의 평가보다는 여러 번의 중간평가를 통해 점수를 받는 것이 더 낫다고 합니다.

4. 기본적인 노력

　목표를 달성하려면 기본적인 노력이 필요합니다. 그리고 목표에 따라 타인을 위해서 또는 외재적인 목표보다는 본인에게 내재적으로 중요한 목표에 더 집중해서 노력하는 경향이 있습니다.

　심리학자 록크와 라담은 목표를 달성하는 데 있어서 지름길이 존재하지는 않으며 기본적으로 열심히 노력하는 것이 중요하다고 강조합니다. 우리의 가치와 목표가 동기가 되어 행동을 할 수 있도록 해주지요. 그리고 이들은 목표 달성에 있어서 가장 주된 방해물 중 하나가 두려움이라는 사실을 알아냈습니다. 변화에 대한 두려움, 실패에 대한 두려움, 실수에 대한 두려움 등이 여기에 속합니다. 이러한 두려움 때문에 소중한 것을 위한 노력을 하지 않는 상황을 피하는 것이 좋습니다 (Locke & Latham, 1990; Miller & Frisch, 2009).

　안젤라 덕워스와 마틴 셀리그만도 이와 유사한 연구를 진행했는데 비슷한 재능을 가진 사람들 중에 성취를 많이 한 사람과 그렇지 못한 사람의 차이를 알아보는 연구였습니다. 가장 중요한 차이는 바로 '그릿(grit)'이었습니다. '그릿'이란 목표를 달성하기 위한 개인의 끈질기고 열심히 노력하고자 하는 마음, 열정적이면서도 어려움 앞에서도 포기하지 않는 태도를 말합니다(Miller & Frisch, 2009; Duckworth & Seligman, 2005).

6.11 연습하기: 죽기 전에 할 일 100가지 적어 보기

긍정심리학 코치 캐롤라인 밀러의 웹사이트에서 '죽기 전에 할 일 100가지(One Hundred Things to Do Before I Die)' 연습 문제를 해보세요.

- https://carolinemiller.com/100_things_to_do.pdf

1. 100가지 목표를 세우는 작업이 어땠나요?

2. 과정 중 놀라웠던 점이 있었나요?

3. 뭔가 감동적인 것은 없었나요?

4. 목표들과 여러분의 가치 사이에 어떤 특정한 패턴이나 연관성을 찾을 수 있었나요?

밀러와 프리슈는 사람들이 목표를 그저 생각만 하거나 말로만 표현하는 것보다 글로 적어 놓으면 이를 성취할 가능성이 높아진다고 말합니다. 또 다른 사람과 연관되어 있을 경우 목표를 달성할 확률이 높아진다는 연구 결과도 있습니다. 예를 들어 친구와 함께 운동을 하기로 결심한 경우가 혼자 할 때보다 달성 가능성이 더 높아지는 것이죠. 책《베스트 인생 만들기(Creating Your Best Life)》에서 밀러와 프리슈는 목표를 적어놓고 다음과 같은 질문을 스스로에게 해보라고 권하고 있습니다.

- 이 목표는 구체적이며 측정가능한가?
- 적당히 어려운가?
- 나에게 중요한 가치와 연관되어 있는가?
- 이 목표를 달성하기 위해 필요한 단계는 무엇인가?
- 어떤 난관이 있을 수 있으며 이를 어떻게 극복할 것인가?
- 어떻게 나의 노력과 동기를 끌어올릴 수 있을 것인가?
- 진전이 있다는 사실을 어떻게 파악할 것인가? 중간 목표는 무엇인가?
- 누구와 함께할 것인가? 이 목표를 달성하기 위해 한 팀이 되어 줄 이는 누구인가?

(Miller & Frisch, 2009)

목표 달성에서 또 다른 중요한 요소는 자기 결정성입니다. 연구 결과에 따르면 사람들이 자신의 행동을 스스로 결정했을 때, 즉 자신의 기호와 가치와 맞는 행동을 스스로 선택했을 때 목표를 향해 더 많은 진전을 보였고 심리적 건강과 융통성도 더 좋았다고 밝혀졌습니다(Kashdan & McKnight, 2009). 자기결정이론을 정립한 데시와 라이언은 스스로 결정한 목표는 자율성을 높이고 유능감을 느끼게 해주며 다른 사람과 관계를 맺고 소통하는 데 도움이 된다고 말합니다(Deci & Ryan, 2000).

성취

과거에 마틴 셀리그만은 행복에는 3가지 축이 있다고 이야기했습니다. 바로, 기쁨과 긍정정서를 경험하는 '즐거운 삶', 몰입 경험과 함께 자신의 강점을 활용하는 '몰입하는 삶', 자아를 뛰어 넘는 초월성과 우리 자신보다 큰 무언가와 연결되어 있는 '의미 있는 삶'입니다. 그리고 여러 연구에 걸쳐 충만한 삶을 위해 '관계'가 중요하다고 덧붙였습니다. 추후에 책《플로리시(Flourish)》에서 셀리그만은 자신의 대학원생 세니아 메이민이 던진 질문 덕분에 사람들이 때론 기쁨이나 삶의 의미와 상관없이 성취나 목표 달성을 위해 노력한다는 사실을 인정하게 되었다고 말합니다. 하지만 대부분의 경우, 웰빙의 다른 요소들과 마찬가지로 성취도 다른 요소들과 뒤엉켜있습니다(Seligman, 2011).

일례로 월드컵 게임에서 우승하고 싶은 축구선수는 연습하는 동안 또는 시합을 하는 동안 많은 몰입을 경험할 것입니다. 같은 팀 선수들과 매우 중요한 관계를 맺을 수도 있고 심지어 후원받는 돈을 자선단체에 기부하기로 할지도 모릅니다. 하지만 골을 넣고 공을 멀리 차는 등의 실력은 종종 그 자체만으로도 중요한 동기가 됩니다.

성취에 관한 연구 중 가장 흥미로운 결과 중 하나는 우리가 무언가를 이루기 위해 쏟는 노력, 즉 목표 달성이나 기술을 익히기 위해 우리가 노력한 순수한 시간의 양이 가장 결정적인 성공요소일 수 있다는 사실입니다. 계속해서 시간과 노력을 쏟는다는 건 우리의 의지와 자기 조절능력 그리고 끈기가 달린 결정입니다. 우리 힘으로 할 수 있는 일이며 이에 따라 충분히 변할 수 있는 것들이지요(Seligman, 2011).

다음은 내가 이룬 가장 중요한 성취를 살펴 볼 수 있는 연습 문제입니다.

6.12 연습하기: 나의 성취 스토리

(출처: Kate Wendleton의 'The 7 Stories Exercise')

인생에서 커다란 성취감을 느꼈을 때를 떠올려 보세요. 뭔가를 잘 해내서 나에게 중요한 무언가를 이루었다고 느낀 때가 있었을 겁니다. 다른 사람들이 인정해주는 성취 스토리도 있을 수 있고 스스로 성취의 경험이었다고 말하는 스토리일 수도 있습니다.

가족, 학교, 직장, 지역사회 등 여러분 삶의 모든 영역을 살펴보세요. 어린 시절부터 현재까지 모든 시간을 되돌아 보세요. 그리고 구체적인 언어로 표현해보세요. 예를 들어, 그냥 '고3 때'라는 답은 너무 애매합니다. '고3 때 축제를 주관했던 일'이 더 정확한 표현입니다. '배낭여행'이라고 하면 너무 범위가 넓지만 '아르바이트를 하며 예산을 마련하고, 내가 정한 테마와 코스로 나만의 멋진 경험을 했던 일'이라고 하면 더 구체적이지요.

이 연습 문제는 며칠의 시간을 들여서 진행하는 것이 좋습니다. 기억나는 대로 그때 그때 적어보면 됩니다.

최소 10개의 성취 경험을 적어보세요.

1) _____

2) _____

3) _____

4) _____

5) _____

---

6) _____

7) _____

8) _____

9) _____

10) _____

이 중에 5가지를 골라보세요. 그리고 각 경험을 최대한 상세하게 설명해보세요. 정확히 무엇을 했나요? 어떻게 준비했나요? 나의 어떤 강점과 기술이 어떻게 발휘되었나요? 얼마나 많은 노력을 했나요? 나의 가치와 연관된 일이었나요? 나의 희망과 목적에 맞는 일이었나요? 왜 이것이 나에게 중요한 성취였나요?

1)

2)

3)

4)

5)

6.13 되돌아 보기

나의 중요한 성취를 기억하고 표현하는 과정이 어떻게 다가왔나요?

이제 이 워크북의 마지막 주제인 '자부심'과 '인정'에 대해 이야기해보겠습니다. '자부심'은 많은 노력 끝에 목표를 이루어냈을 때 느낄 수 있는 감정입니다. 또는 나와 관련된 누군가가 꿈을 이루어내거나 강점을 발휘하는 모습을 보고 이를 자랑스럽게 여기는 것도 자부심의 일종이라고 할 수 있습니다. 하지만 자부심이 너무 지나치면 실수를 인정하지 않거나 오만함이 될 수도 있으니 유의해야 합니다.

자부심은 긍정심리학자 바바라 프레드릭슨 박사가 연구한 긍정정서 중에 한 가지이며, 이는 웰빙에 도움이 되는 요소로 약간의 겸손이 함께 갖추는 것이 좋습니다. 프레드릭슨 박사는 스스로 자부심 또는 자랑스러움을 느낄 때 한계를 넘어서고 또 다른 무언가를 도전할 수 있는 힘을 가져다 준다고 말합니다. '성공이 성공을 부른다(Nothing succeeds like success)'는 말도 있듯이 무언가에서 성공을 경험하면 우리는 더 큰 도전을 하고 싶은 동기가 생깁니다. 연구 결과에 따르면 자부심을 느끼는 사람들은 쉽게 포기하지 않으며 어려움이 닥쳐도 버티는 힘이 있다고 합니다.

내러티브 훈련에서 대안 스토리를 탄탄하게 짜기 위해서는 우선 대안 스토리를 파악하고 인정하는 것이 중요합니다. 또 한 사람의 인생에서 결정적인 발전을 증명하는 문서를 작성하는 것도 중요하지요(White & Epston, 1990).

예전에 '올가'라는 여성과 상담을 한 적이 있습니다(Tarragona M., 2003). 제가 상담을 하고 상담 후 전문가팀이 모여 올가가 나눈 대화에 대해 의견을 나누었습니다. 8번에 걸친 상담을 마칠 때 우리는 올가에게 표창장을 수여했습니다. 표창장에는 상담가들이 생각하기에 그 동안 올가가 보여주었다고 생각하는 강점이 적혀 있었습니다. 거기에는 총명함, 유머감각, 인내, 아이들에 대한 사랑, 적응력 등이 있었습니다. 또 한 명은 '불사조 같은 삶'을 적었는데 올가가 살면서 심각한 난관을 극복해왔기 때문입니다. 6개월 후, 연구 프로젝트를 진행하는 제 동료가 올가를 인터뷰 할 기회가 있었습니다. 올가는 상담 때 받은 표창장을 종종 꺼내서 다시 읽어본다고 말했습니다. 그 이유를 묻자, 이렇게 답했습니다. "왜냐하면 그 표창장이 내가 어떤 사람인지를 다시 상기시켜주거든요."

이 책을 통해 연습 문제를 만나면서 무엇을 배웠나요? 나의 어떤 모습을 새롭게 발견했나요? 나의 정체성 중 종종 떠올리고 싶은 모습은 무엇인가요?

시간을 가지고 지난 6주간 했던 작업들을 다시 돌아보십시오. 가장 즐거웠던 부분은 무엇이었는지, 가장 생각을 많이 하게 만든 질문은 무엇이었는지 살펴보세요. 자신에 대한 설명이 더 풍성해지고 나에 대한 자서전 두께가 두꺼워졌다고 생각하나요? 내가 선호하는 정체성에 대해 새롭게 떠오른 생각은 무엇인지 생각해보세요.

6.14 연습하기: 나의 표창장

다음 표창장의 빈 칸을 채워 보세요. 나의 기술, 강점, 가치 그리고 꿈을 인정한다는 의미에서 나 스스로에게 주는 상입니다.

표 창 장

성명:＿＿＿＿＿＿＿＿＿＿＿＿

위 사람은 아래와 같은 훌륭한 장점을 통해 자신의 최고 모습과 가까워지는 진전을 이루었기에 이를 인정하며 본 상을 드립니다.

＿＿＿＿＿＿＿＿＿＿＿＿＿＿＿＿＿＿＿＿＿＿＿＿＿＿＿＿＿＿＿＿＿＿＿

＿＿＿＿＿＿＿＿＿＿＿＿＿＿＿＿＿＿＿＿＿＿＿＿＿＿＿＿＿＿＿＿＿＿＿

＿＿＿＿＿＿＿＿＿＿＿＿＿＿＿＿＿＿＿＿＿＿＿＿＿＿＿＿＿＿＿＿＿＿＿

＿＿＿＿＿＿＿＿＿＿＿＿＿＿＿＿＿＿＿＿＿＿＿＿＿＿＿＿＿＿＿＿＿＿＿

날짜＿＿＿＿＿＿＿＿＿＿＿＿　장소＿＿＿＿＿＿＿＿＿＿＿＿

이 표창장과 그 동안 만났던 연습 문제를 보며 나의 최고의 모습을 다시금 확인하고 싶을 때마다 읽어 보시기를 바랍니다. 6주 간의 여정을 함께해주셔서 고맙습니다. 여러분의 행복을 기원합니다.

6주차 대화 연습

친구나 대화 상대와 함께 지난 6주 간의 경험에 대해서 이야기해보십시오. 무엇이 가장 기억에 남나요? 흥미로웠던 것은 무엇이었나요? 재미있었던 점은? 여러분 자신을 보는 방식이 더 다양해졌다고 생각하시나요? 자신이 원하는 정체성과 조금은 가까워진 느낌이 드시나요?

6주차 읽을 거리

Miller, C. A., & Frisch, M. B. (2009). Creating your best life: the ultimate life list guide. New York: Sterling.

Seligman, M. E. (2011). Flourish: a visionary new understanding of happiness and well-being. New York, NY: Free Press. Chap. 6

Kashdan, T., & McKnight, P. (2009). Origins of purpose in life: Refining our understanding of a life well lived. Psychological Topics, 18, [Special Issue on Positive Psychology], 303-316.

Steger, M. (2009). Meaning in Life. In S. Lopez, & C. Sneyder, Oxford Handbook of Positive Psychology, Second Edition (pp. 679-687). New York: Oxford University Press.

참고 문헌

1주차

1. Anderson, H. (1997). Conversation, Language and Possibilities: A Postmodern Approach to Therapy. New York: Basic Books.

2. Bandura, A. (2006) Toward a Psychology of Human Agency, Perspectives on Psychological Science. Vol. 1(2) pp.164-180.

3. Bruner, J. S. (1990). Acts of meaning. Cambridge, Mass.: Harvard University Press.

4. Bruner, J. (1987 Spring). Life as Narrative. Social Research Vol. 54, No. 1.

5. Ephron, N. (Director). (1998). You've Got Mail [Motion Picture].

6. Freedman, J., & Combs, G. (1996). Narrative therapy: the social construction of preferred realities. New York: Norton

7. Freedman, J. &. (n.d.). Evanston Family Therapy Center. Retrieved septiembre 19, 2010, from Characteristics of the Narrative World View: http://narrativetherapychicago.com/ narrative_worldview/narrative_worldview.htm

8. Gergen, K. (1997(Original work published 1994)). Realities and Relationships: Soundings in Social Construction. Cambridge: Harvard University Press. (Original work published 1994). Cambridge: Harvard University Press.

9. Lyubomirsky, S. (2007). The How of Happiness: A Scientific Approach to Getting the Life You Want. New York: Penguin Press HC.

10. Morgan, A. (2000). What is Narrative Therapy? Adelaide: Dulwich Centre Publications.

11. Peterson, C. (2006). A Primer in Positive Psychology. New York: Oxford University Press.

12. Polkinghorne, D. E. (1988). (1988). Narrative Knowing and the Human Sciences (Suny Series in the Philosophy of the Social Sciences). Albany, New York: State University Of New York Press.

13. Rambo,A.,Heath, A & Chenail, R. (1993) Practicing Therapy. New York, Norton Books.

14. Seligman, M. (2009). Closing Keynote address. Philadelphia, Pennsylvania: 1st Positive Psychology World Congress.

15. Seligman, M. (2007). What You Can Change and What You Can't*: The Complete Guide to Successful Self-Improvement. New York: Vintage.

16. Tarragona, M. (2008). Postmodern/Post-Structuralist Therapies. In J. (. In Lebow, 21st Century Psychotherapies. Hoboken, NJ:, John Wiley & Sons.

17. Vaillant, G. (2002). Aging Well: Surprising Guideposts to a Happier Life from the Landmark Harvard Study of Adult Development. Boston: Little, Brown and Company.

18. White, M. & Epston, D. (1990). Narrative Means to Therapeutic End

19. White, M. (2007). Maps of narrative practice. New York: W.W. Norton.

2주차

1. Andersen, T. (1996). Language is not innocent. In F. W. Kaslow, Handbook of Relational Diagnosis and Dysfunctional Family Patterns (pp. 119-125). New York: John Wiley and Sons.

2. Bruner, J. S. (1990). Acts of meaning. Cambridge, Mass.: Harvard University Press.

3. Carver, C., & Scheier, M. (2005). Optimism. In C. Snyder, & S. Lopez, Handbook of Positive Psychology. New York: Oxford University Press.

4. Freedman, J., & Combs, G. (1996). Narrative therapy: the social construction of preferred realities. New York: Norton.

5. Gergen, K. J. (1990). Therapeutic Professions and the Diffusion of Deficit. The Journal of Mind and Behavior, Summer 1990, Vol. 11, No. 3, Pages 353-368.

6. King, L. A. (2001). The health benefits of writing about life goals. Personality and Social Psychology Bulletin, 798-807.

7. Lyubomirsky, S. (2007). The How of Happiness: A Scientific Approach to Getting the Life You Want. New York: Penguin Press HC.

8. Miller, C. A., & Frisch, M. B. (2009). Creating your best life: the ultimate life list guide. New York: Sterling.

9. Seligman, M. E. (2009). Closing Plenary 1st World Conference on Positive Psychology. Philadelphia, PA.

10. Seligman, M. E., & Csikszentmihalyi, M. (2000, Jan.). Positive Psychology An Introduction. American Psychologist, 5-14.

11. Vaillant, G. (2002). Aging Well: Surprising Guideposts to a Happier Life from the Landmark Harvard Study of Adult Development. Boston: Little, Brown and Company.

12. White, M. (2007). Maps of narrative practice. New York: W.W. Norton.

13. White, M. (2004). Narrative Practice and Exotic Lives: Resurrecting diversity in everyday life. Adelaide, South Australia: Dulwich Centre Publications.

14. Yates, J., & Masten, A. (2004). Fostering the future: Resilience theory and the practice of positive psychology. In P. A. Linley, & S. Joseph, Positive psychology in practice (pp. 521-539). Hoboken, NJ: ohn Wiley & Sons.

3주차

1. Buettner, D. (2010). Thrive. Finding Happiness the Blue Zones Way. Washington, D.C.: National Geographic Society.

2. Danner, D. D., Snowdon, D. A., & V.Friesen., W. (2001). Positive emotions in early life and longevity: Findings from the nun study. Journal of Personality and Social Psychology 80, 804－813.

3. Diener, E., & Biswas-Diener, R. (2008). Happiness Unlocking the Mysteries of Psychologucal Wealth. Malden MA: Blackwell.

4. Fredrickson, B. L., & Losada, M. F. (2005). Positive affect and the complex dynamics of human flourishing. American Psychologist, 60, 678-686.

5. Fredrickson, B. (2009). Positivity: Groundbreaking Research Reveals How to Embrace the Hidden Strength of Positive Emotions, Overcome Negativity, and Thrive. New York: Crown.

6. Fredrickson, B. (2003). The Value of Positive Emotions. The emerging science of positive psychology is coming to understand why it's good to feel good. American Scientist, Vol. 91. July-Aug 2003.

7. Gottman, J., & Silver, N. (1999). The Seven Principles for Making Marriage Work: A Practical Guide from the Country's Foremost Relationship Expert. New York: Three Rivers Press.

8. Harker, L., & Keltner, D. (2001). Expression of positive emotion in women's college yearbook pictures and their relationship to personality and life outcomes across adulthood. Journal of Personality and Social Psychology 80, 112-24.

9. Seligman, M. E. (2011). Flourish: a visionary new understanding of happiness and well-being. New York, NY: Free Press.

4주차

1. Altman, D. Positively Mindful Skills Concepts and Research.

2. Csikszentmihalyi, M. (1997). Finding flow: the psychology of engagement with everyday life. New York: Basic Books.

3. Csikszentmihlayi, M. (1993). The evolving self: a psychology for the third millennium. New York, NY: HarperCollins Publishers.

4. Dahlsgaard, K., Peterson, C. C., & Seligman, M., (2005). Dahlsgaard,K.. Shared Virtue: The convergence of valued human strengths across culture and history. Review of General Psychology, 9, 203-213.

5. Miller, C. A., & Frisch, M. B. (2009). Creating your best life: the ultimate life list guide. New York: Sterling.

6. Nakamura, J. & Csikszentmihalyi, M. (2005). The concept of flow. In, C.R. Snyder and S.J.Lopez (eds). Handbook of Positive Psychology New York: Oxford University Press, pp. 89-105.

7. Park, N., & Peterson, C. (2006). (2006). Character strengths and happiness among young children: Content Analysis of parental descriptions. Journal of Happiness Studies, 7, 323–341.

8. Park, N., Peterson, C., & Ruch, W. (2009). Orientation to happiness: National comparisons. Journal of Positive Psychology. 4, 273–279.

9. Peterson, C. (2008). Lecture Notes Positive Psychology Immersion Course. Mentor Coach.

10. Peterson, C., & Seligman, M. (2004). Character Strengths and Virtues: A Handbook and Classification. New York: Oxford University Press.

11. Seligman, M. E. (2002). Authentic happiness: using the new positive psychology to realize your potential for lasting fulfillment. New York: Free Press.

12. Seligman, M. E. (2011). Flourish: a visionary new understanding of happiness and well-being. New York, NY: Free Press.

13. Seligman, M. E. (2005). Positive Psychology Progress Empirical Validation of Interventions. American Psychologist, 410-421.

14. Tarragona, M. (2008). Postmodern and Post-structuralist Therapies. In J. Lebow, Twenty-first Century Psychotherapies (pp. 167-205). Hoboken, NJ: Wiley.

15. Wells, A. J. (1998). Auto Estima y Experiencia Óptima. In M. Csikszentmihalyi, & I. Csikszentmihalyi, Experiencia Óptima Estudios Psicológicos del Flujo en la Conciencia (pp. 319-332). Bilbao: Desclée De Brouwer.

16. Wylie, M. S. (1994, Nov/Dec). Panning for gold. Family Therapy Networker, 40-48.

5주차

1. Bartels, A., & Zeki, S. (2000). The Neural Basis of Romantic Love. Neuroreport 11, 3829- 3834.

2. Csikszentmihalyi, M. (1997). Finding flow: the psychology of engagement with everyday life. New York: Basic Books.

3. Diener, E., & Biswas-Diener, R. (2008). Happiness Unlocking the Mysteries of Psychologucal Wealth. Malden MA: Blackwell.

4. Fowler, J., & Christakis, N. (2008). Dynamic Spread of happiness in large social networks: longitudinal analysis over 20 years in the Framingham heart study. BMJ, 3337, a338+.

5. Fredrickson, B. (2009). Positivity: Groundbreaking Research Reveals How to Embrace the Hidden Strength of Positive Emotions, Overcome Negativity, and Thrive. New York: Crown.

6. Freedman, J. &. (n.d.). Evanston Family Therapy Center. Retrieved septiembre 19, 2010, from Characteristics of the Narrative World View: http://narrativetherapychicago.com/ narrative_worldview/narrative_worldview.htm

7. Gable, S. L., & Maisel, N. C. (2009). For Richer...in Good Times...and in Health:Positive Processes in Relationships. En S. Lopez, & C. Snyder, Oxford Handbook of Positive Psychology (págs. 445-462). New York: Oxford University Press.

8. Gable, S. L., Reis, H. T., Impett, E., & Asher, E. R. (2004). What do you do when things go right? The intrapersonal and interpersonal benefits of sharing positive events. Journal of Personality and Social Psychology 87, 228-245.

9. Gottman, J., & Silver, N. (1999). The Seven Principles for Making Marriage Work: A Practical Guide from the Country's Foremost Relationship Expert. New York: Three Rivers Press.

10. Harlow, H. F. (1958). The Nature of Love. American Psychologist,13, 673-685.

11. Holt-Lunstad, J., Byron Smith, T., & Layton, B. (2010). Social relationships and mortality risk: A meta-analytic review. PLoS Medicine.

12. House, J., Landis, K., & Umberson, D. (1988). Social Relationships and Health. Science, 241(Jul 29), 540-5.

13. Kiecolt-Glaser, J., & Newton, T. (2001). Marriage and Health: His, Hers. Psychol Bull Jul;127(4), 472-503.

14. Peterson, C. (2006). A Primer in Positive Psychology. New York: Oxford University Press.

15. Peterson, C. (2008). Lecture Notes Positive Psychology Immersion Course. Mentor Coach.

Peterson, C. (s.f.). The Good Lfe. Recuperado el 11 de 04 de 2009, de Psychology Today Blogs: /200806/ other-people-matter-two-examples

16. Rath, T., & Harter., J. K. (2010). Well-being: the five essential elements. New York: Gallup Press.

17. Seligman, M. E. (2011). Flourish: a visionary new understanding of happiness and well-being. New York, NY: Free Press.

18. Uchino, B., Cacioppo, J., & Kiecolt-Glaser, J. K. (1996). The Relationship between Social Support and Physiological Processes. Psychological Bulletin, 119(3), 488-531.

19. Vaillant, G. E. (2009). Obtenido de Positive Psychology News Daily: Vaillant, G. http:// positivepsychologynews.com/news/george-vaillant/200907163163

20. White, M. (2007). Maps of narrative practice. New York: W.W. Norton.

21. White, M. &. (1990). Narrative Means to Therapeutic Ends (1ed.). New York: W. W. Norton & Company.

6주차

1. Baumeister, R., & Vohs, K. (2005). The Pursuit of Meaningfulness in Life. In C. Snyder, & S. J. Lopez, Handbook of Positive Psychology (pp. 608-618). New York: Oxford University Press.

2. Deci, E. I., & Ryan, R. M. (2000). Self-Determination Theory and the Facilitation of Intrinsic Motivation, Social Development and Well-being. American Psychologist.

3. Duckworth, A., & Seligman, M. (2005). Self-Discipline Outdoes IQ in Predicting Academic Performance of Adolescents. Psychological Science, 16, 939-944.

4. Emmons, R. (2003). Personal goals, life meaning, and virtue: Wellsprings of a positive life. In C. K. (Ed.), FlourishingThe positive person and the good life. (pp. 105-128). Washington, DC: American Psychological Association.

5. Fredrickson, B. (2009). Positivity: Groundbreaking Research Reveals How to Embrace the Hidden Strength of Positive Emotions, Overcome Negativity, and Thrive. New York: Crown.

6. Kashdan, T., & McKnight, P. (2009). Origins of purpose in life: Refining our understanding of a life well lived. Psychological Topics, 18, [Special Issue on Positive Psychology], 303-316.

7. Locke, E., & Latham, G. (1990). A Theory of Goal Setting and Task Performance. Englewood Cliffs, NJ: Prentice Hall.

8. Miller, C. A., & Frisch, M. B. (2009). Creating your best life: the ultimate life list guide. New York: Sterling.

9. Niemeyer, R., & Mahoney, J. (1995). Constructivism in Psychology. Washington, DC: APA.

10. Roth, S., & Epston, D. (1996). Consulting the Problem about the Problematic Relationship: An Exercise for Experiencing a Relationship with an Externalized Problem. In M. Hoyt, Constructive Therapies vol. II, New York: Guilford.

11. Schwartz, S. (1994). Schwartz, S. H. (1994), Are There Universal Aspects in the Structure and Contents of Human Values? Journal of Social Issues, 50, 19–45.

12. Seligman, M. E. (2002). Authentic happiness: using the new positive psychology to realize your potential for lasting fulfillment. New York: Free Press.

13. Seligman, M. E. (2011). Flourish: a visionary new understanding of happiness and well-being. New York, NY: Free Press.

14. Steger, M. (2009). Meaning in Life. In S. Lopez, &, C. Sneyder, Oxford Handbook of Positive Psychology, Second Edition (pp. 679-687). New York: Oxford University Press.

15. Wendleton, K. (1999). Building a Great Resume. New York: Career Press.

16. White, M. (2004). Narrative Practice and Exotic Lives: Resurrecting diversity in everyday life. Adelaide, South Australia: Dulwich Centre Publications.

17. White, M., & Epston, D. (1990). Narrative Means to Therapeutic Ends (1ed.). New York: W. W. Norton & Company.

블룸북 | 긍정정체성

ⓒ 마가리타 타라고나, 2017

초판 1쇄 발행 2017년 12월 18일

지은이　　마가리타 타라고나
옮긴이　　송단비
감수　　　박정효
에디터　　박정희, 임용대, 최현지

펴낸이　　박정효
편집　　　좋은땅 편집팀
펴낸곳　　블룸컴퍼니(주)
출판등록　제2017-000040호
주소　　　서울 서초구 양재천로21길 9 5층(양재동, 화암빌딩)
전화　　　070-4618-2606
이메일　　ask@bloomhappiness.com
홈페이지　www.bloomhappiness.com

ISBN　979-11-88814-00-8 (04180)
ISBN　979-11-960417-0-0 (세트)

이 도서의 국립중앙도서관 출판시 도서목록(CIP)은 서지정보유통지원시스템 홈페이지(http://seoji.nl.go.kr)와 국가
자료공동목록시스템(http://www.nl.go.kr/kolisnet)에서 이용하실 수 있습니다. (CIP제어번호 : CIP2017032887)